Educar a un niño
en el feminismo

Educar a un niño en el feminismo

Iria Marañón

Plataforma Editorial

Primera edición en esta colección: febrero de 2020

© Iria Marañón, 2020
© de la presente edición: Plataforma Editorial, 2020

Plataforma Editorial
c/ Muntaner, 269, entlo. 1ª – 08021 Barcelona
Tel.: (+34) 93 494 79 99 – Fax: (+34) 93 419 23 14
www.plataformaeditorial.com
info@plataformaeditorial.com

Depósito legal: B 3560-2020
ISBN: 978-84-17886-65-3
IBIC: JN

Printed in Spain – Impreso en España

Diseño de cubierta y fotocomposición:
Grafime

El papel que se ha utilizado para imprimir este libro proviene
de explotaciones forestales controladas, donde se respetan
los valores ecológicos, sociales y el desarrollo sostenible del bosque.

Impresión:
Romanyà Valls
Capellades (Barcelona)

Para J. y M., por lo que os podáis encontrar en el camino.

Gracias a quienes me habéis acompañado
en la escritura de este libro: Mónica Manrique,
Paloma Sánchez, Laura Pérez y Carlos Puig.
Y a quienes os interesáis por él.

Paulo Freire dice:
«La educación no cambia el mundo.
Cambia a las personas que van a cambiar el mundo».

Y yo añado:
«Y las personas que van a cambiar el mundo serán feministas».

Índice

1.
Ellos también pueden cambiar el mundo

El machismo aún no entiende lo que es el machismo…
Ese es parte del problema.

MIGUEL LORENTE

¿Por qué es necesario educar de forma diferente a los niños?, ¿es la construcción de la masculinidad y los roles sexuales que realiza la sociedad patriarcal culpable de la opresión que sufren niñas y mujeres? Algo estamos haciendo mal, porque, por mucho que creamos que educamos igual a las niñas y a los niños, debemos ser realistas: las cosas no están saliendo como esperamos. Las feministas tenemos que empezar a mirar a largo plazo y crear estrategias concretas que nos lleven hacia una sociedad mucho más justa y feminista. Tenemos que ser capaces de educar a las nuevas generaciones cuestionando el género, educar a los niños y a los jóvenes para que sean verdaderos motores de cambio en una sociedad que necesita ser reformada. Por eso escribo este libro.

Cada tarde en los alrededores del colegio de mis hijas, en los parques y en las calles, donde pasamos las horas las familias y las criaturas conviviendo en un entorno supuestamente igualitario, soy testigo de cómo las cosas no salen como esperamos cuando educamos en un intento por aplicar la igualdad. Familias heterogéneas en las que algunas de nosotras somos feministas y hacemos huelga el 8M, vamos a la manifestación, hacemos activismo y compartimos contenidos supuestamente feministas. Algunos de ellos se consideran «aliados», supuestamente (hablaremos de esas *alianzas*). Todas y todos sentimos de alguna manera que estamos trasladando mensajes correctos. ¿Cómo no van a educar a sus niños en la igualdad? ¿Cómo no vamos a educar igual a nuestras niñas? Pues la gran sorpresa es darnos cuenta de que ni en las burbujas sociales educamos en el feminismo, porque el feminismo requiere de un estudio y una profundización tales para aplicarlo en nuestras vidas que rara vez tenemos la información, el tiempo y las fuerzas de hacerlo correctamente. Los tentáculos del patriarcado, el sexismo y la misoginia llegan a todas las partes de la sociedad, y no nos libramos ni aquellas personas que nos creemos que estamos educando de forma diferente. Porque el sistema patriarcal impregna cada gramo de aire que respiramos, impregna a nuestras niñas y niños en cada gesto y movimiento.

Educar para construir una sociedad feminista, educar contra el machismo, educar en la abolición del género y en la ruptura de los roles sexuales y los estereotipos no es fácil; la construcción social en la que hemos crecido ha sido tan patriarcal y machista que ni siquiera somos conscientes de qué estamos haciendo mal. Día a día, a cada momento y sin darnos cuenta, seguimos perpetuando un sistema desigual que perjudica a toda la sociedad. Educar en el feminismo significa educar contra el machismo para crear una sociedad feminista en la que las mujeres encuentren su liberación, donde se establezcan nuevas formas de organización y se eliminen completamente las castas sexuales, ya que es la única manera de revertir el sistema injusto en el que vivimos y es la única manera en la que toda la sociedad saldrá ganando, también los propios hombres.

En los últimos trescientos años, el movimiento feminista ha otorgado derechos para todas las mujeres y ha contribuido a la liberación de muchas de ellas. Formamos parte de un sistema donde los hombres oprimen a las mujeres para que pueda funcionar. La lucha feminista pretende acabar con este sistema para que la mujer alcance la plena emancipación, y nuestra lucha de todos estos años ha ido dirigida en este sentido.

En los últimos tiempos, algunas mujeres han pasado de ser amas de casa sometidas en matrimonios convencionales, dedicadas al hogar y la crianza, sin acceso a los espacios públicos, a ser trabajadoras con un empleo remunerado, y nos creemos con la capacidad de decidir sobre nuestra forma de organización o, al menos, en esas estamos. Las niñas tienen mejores notas en la escuela, se gradúan más en la universidad y cada vez se sienten más empoderadas para ejercer su independencia y libertad. Sin embargo, ellos siguen disfrutando de los privilegios mientras la opresión continúa y las mujeres son las que acceden a los trabajos más precarizados, sufren violencias en múltiples formas y continuamos a la cola en una sociedad que sigue siendo injusta. Porque, entre otras cosas, la falsa idea de libertad que tenemos actualmente nos ha permitido seguirle el juego al patriarcado y ser parte del engranaje que nos mantiene sometidas desde una falsa libre elección.

En todo este camino, que ha durado décadas, en el que las mujeres nos hemos replanteado nuestro lugar en el mundo y por el que todavía seguimos luchando, ¿qué ha pasado con los hombres a nivel global? La respuesta es inquietante: nada. Ante la violencia machista no ha habido por su parte ninguna reacción. No ha existido ningún movimiento social potente en el que ellos reivindicaran ningún cambio, ya que la mayoría de los hombres considera que esta lucha no tiene nada que ver con ellos. Por si fuera poco, solo se han organizado con el objetivo de destruir el feminismo y a las feministas. Por eso escribo este libro. Porque necesitamos cuestionar la masculinidad de forma absoluta, construir una sociedad nueva, realmente igualitaria, sin jerarquías sexuales.

Algunas personas pueden pensar que soy una ingenua por creer que, si educamos a los niños, podremos destruir el sistema patriarcal y abolir el género, los sistemas de opresión de las mujeres y la mayoría de las estructuras creadas por ellos. ¿Por qué van a querer los hombres cambiar si son los portadores de los privilegios?

El sistema en el que se articula nuestra sociedad necesita una transformación profunda: no solo hay que replantear la forma en la que se construye el ser hombre, también debemos cambiar leyes, instituciones, formas de organización, sistemas económicos y financieros, políticas públicas y muchísimas cosas más. Debemos encontrar un nuevo orden social. Pero por algo hay que empezar, la educación es la raíz del problema y debemos atacar.

La educación es fundamental en el desarrollo personal, porque no solo se transmiten conocimientos, valores, ideas y creencias, se educa con límites y amor. Se educa para enseñar a reflexionar sobre una misma, sobre lo que nos rodea, para enseñar a cuestionarse la realidad, pensar más allá de lo convencional, para enseñar a crear, y también se educa para pensar cómo sacar adelante una sociedad que actualmente está estancada. Paulo Freire consideró la educación como factor de cambio y transformación no solo del sujeto, sino también de toda la sociedad en su conjunto: decía que la realidad social puede transformarse porque las personas la pueden cambiar, que el fatalismo debe ser reemplazado por el optimismo crítico que impulse a las personas hacia un compromiso cada vez más crítico con el cambio social. Y es que la educación es una cuestión política.

Para mí, el gran reto de este libro es encontrar la forma de educar a los niños y lo que la sociedad tiene preparado para ellos, y romper con la construcción del género, respetando su personalidad, pero identificando con claridad la masculinidad que genera desigualdades, guiándolos hacia una forma sana de ser sin cuestionarlos constantemente y sin que se sientan agredidos ni invisibilizados. Educarlos ni como niños ni como niñas, sino como seres pensantes y reflexivos, liberados de los roles sexuales y de la construcción que la sociedad se empeña en transmitir. Educarlos para que sean ellos mismos conscientes de la situación desigual y para que encuentren su propia lucha para revertirlo. Nuestros niños tienen la capacidad de ser motores de cambio para mejorar el mundo, y deben saberlo.

En este libro me voy a basar en teorías del feminismo que buscan destruir desde la raíz todas las desigualdades. El feminismo que quiere cambiar completamente el mundo, el feminismo que exige la emancipación de las mujeres y busca un nuevo orden. El feminismo no es ni será el espacio de los varones, pero la sociedad que el feminismo quiere crear sí que debe albergar un espacio para ellos.

El feminismo emergió para combatir las injusticias y otorgarles a las mujeres el lugar que les corresponde en la sociedad y que, históricamente, les ha sido arrebatado. Las feministas consiguieron que las mujeres pudiéramos votar, que tuviéramos derechos sobre nuestras criaturas, que pudiéramos estudiar, trabajar en un empleo remunerado fuera del hogar, gestionar nuestro dinero, divorciarnos, decidir y disfrutar sobre nuestra propia sexualidad; hoy el feminismo lucha para eliminar la violencia sexual y la violencia machista, la explotación de la mujer a través de la prostitución, la pornografía, los vientres de alquiler, la justicia patriarcal, la infrarrepresentación en puestos públicos, de poder y responsabilidad; lucha para combatir la feminización de la pobreza, la desigualdad que produce el trabajo doméstico y reproductivo. Esta lucha posiblemente elimine también las desigualdades sociales producidas por la raza y la clase. Y las desigualdades que se perpetúan bajo el mito de la libre elección. En definitiva, las feministas llevan más de tres siglos exigiendo derechos y justicia social. Y todo lo que se ha conseguido hasta ahora ha sido fruto de su lucha y de su esfuerzo. Nosotras hemos sido capaces de cambiar la sociedad hasta lo que conocemos ahora, y continuaremos esta lucha con o sin los hombres. Pero ¿os imagináis una sociedad en la que ellos empujen para conseguir justicia? ¿Os imagináis una sociedad realmente igualitaria? ¿Os imagináis vivir de verdad en una sociedad feminista? Imaginad que nuestras criaturas se socializan libres de la imposición del género, sin estereotipos, que, a efectos de justicia social, diera igual nacer niña o niño en la sociedad que te toca vivir... Imaginad a hombres sensibles, respetuosos, que no monopolizan los espacios públicos ni los puestos de responsabilidad, que comparten y ceden espacios, que saben mostrar sus emociones, que saben comunicarse, que aman honestamente a las personas que tienen a su alrededor, que luchan para que la sociedad sea cada vez más justa. Hombres que reconocen el patriarcado, que, en su área de influencia, hacen sus espacios igualitarios, en el hogar, el trabajo, en su círculo social. Imaginad un mundo realmente justo donde las personas sean verdaderamente libres y una sociedad realmente feminista. ¿Os imagináis a una mujer que no tenga miedo de ser violada, acosada o asesinada cuando vuelve de noche a casa? ¿Os imagináis a personas sensibles y corresponsables, una sociedad en la que ser de un sexo u otro no discrimine? Mientras las diferencias por sexo perduren, será necesario tomar conciencia de cómo se construye un hombre y contextualizar este libro en el tiempo en el que vivimos.

Mi lucha es abolicionista y está dirigida hacia la abolición del género tal como se conoce. Las personas nacemos hembras o machos, y nuestro sexo de nacimiento nos impone el género y determina nuestra construcción social. A las niñas les adjudican el género femenino y a los niños, el género masculino, y la sociedad en pleno comienza con los marcadores de cada género. Si eliminamos el género de la ecuación y todo lo que este conlleva (un sistema de organización de castas sexuales y roles), cuando nace un bebé, está en nuestra mano (de las familias, del colegio y del entorno) educarlo y socializarlo de forma neutra y justa.

Y, cuando hablo de familias, hablo de madres, padres, abuelas, abuelos, tías, tíos, tutores, cuidadoras y todas las personas que asumen el cuidado de una criatura, independientemente de su modelo de familia y considerando todas como un modelo de normalidad. También pienso en docentes, creadores de contenidos y cualquier persona que tenga algo que ver con la construcción del género de los niños (más o menos, toda la sociedad).

Iba a comenzar contando todas las cosas buenas que el feminismo puede traer a los niños y a los hombres, y enumerar sin parar las bondades en las que luego voy a profundizar. Iba a contaros la necesidad de eliminar la masculinidad, cómo tenemos que cuestionar todo lo negativo de la *forma de ser hombre*, y mostraros los beneficios de todo ello. Como es lógico, en estas primeras palabras mi idea es engancharos; es un libro para educar a los varones en el feminismo y para destruir la construcción del género, por lo que es imperativo que os cuente todo lo bueno que tiene el movimiento para ellos. Sin embargo, me he detenido en seco. Sentía que no estaba siendo justa. Para empezar, porque el feminismo es un movimiento que surge para exigir la emancipación de la mujer, justicia y libertad para la mujer Y es el momento de poner a la mujer por delante, aunque este libro esté dedicado a ellos. Por eso, lo primero que voy a hacer es enumerar algunas cosas buenas que la educación de los niños en el feminismo tiene para las mujeres y para las niñas: dejarán de sufrir violencia machista, agresiones sexuales, acoso, bromas ofensivas, cosificación, explotación sexual, precariedad laboral, brecha salarial, infrarrepresentación en puestos de poder, dejarán de ser las responsables únicas del hogar y la crianza y empezarán a ocupar espacios públicos. Y comienzo hablando de las mujeres y de todos nuestros beneficios porque lo primero que tiene aprender un niño es la **solidaridad**. Una palabra sencilla que significa ayudar, colaborar, apoyar y unirse a causas ajenas sin recibir nada a cambio. Y esta es la base fundamental que tienen que aprender nuestros niños: entender la causa feminista y solidarizarse con las niñas y mujeres.

Para ser solidarios, lo primero que hay que tener es **empatía**. Una cualidad que significa no solo ponerse en el lugar de otra persona y comprender lo que siente, sus emociones, su contexto y sus pensamientos, sino que también significa prestar ayuda emocional si es necesario y practicar la escucha activa. Pero, antes de meternos en todo esto, sigamos con esta declaración de intenciones.

No conozco ningún feminismo de odio a los hombres en la actualidad que quiera eliminarlos (existe el feminismo separatista, pero no quieren acabar con el sexo masculino); es cierto que, cuando el movimiento contemporáneo empezó a andar, tal como explica bell hooks,[1] hubo una facción antihombres porque muchas mujeres provenían de relaciones con hombres violentos, desagradables y abusadores. Aún hoy, algunas feministas construyen su vida al margen de los hombres por este motivo. Sin embargo, a medida que el pensamiento feminista comenzó a evolucionar, se dieron cuenta de que el problema no estaba exclusivamente en los hombres, sino en el patriarcado y en la dominación masculina, por lo que era imprescindible admitir el papel que desempeñan las mujeres en el mantenimiento y la perpetuación del sexismo, pues, como decía Simone de Beauvoir,[2] «el opresor no sería tan fuerte si no tuviese cómplices entre los propios oprimidos». Por este motivo, antes de que el movimiento feminista contemporáneo cumpliera diez años, las pensadoras feministas empezaron a hablar de cómo perjudicaba a los

---

1. bell hooks, *El feminismo es para todo el mundo*, Madrid: Traficantes de Sueños, 2017.
2. Simone de Beauvoir, *El segundo sexo*, Madrid: Cátedra, 2019.

hombres el patriarcado y la política feminista se amplió para incluir la idea de que el patriarcado arrancaba derechos a los hombres al imponerles una identidad masculina sexista.

Por eso es importante puntualizar que la intención es destruir el patriarcado, un sistema de opresión en el que el hombre tiene privilegios y oprime a la mujer. Querer eliminar el patriarcado no significa querer eliminar a los varones *per se*, significa destruir la masculinidad que tanto daño hace a las mujeres y a ellos mismos, significa cuestionarse la forma en la que está organizado este sistema, significa que los hombres deben analizar cómo ejercen la opresión y buscar la manera de eliminarla, significa que las mujeres también tenemos que reflexionar y buscar soluciones reales para una sociedad más justa y más libre. Significa eliminar las desigualdades que el género cronifica, eliminar el género, abolir los componentes de este sistema creados desde el patriarcado y que solo sirven para controlar y oprimir a las mujeres. Por nuestra parte, las mujeres deberemos buscar nuestra emancipación y un nuevo orden social independientemente del creado por los hombres. Buscar otros modelos de organización fuera de la familia convencional (aquella que mantiene los roles específicos), buscar otro tipo de relaciones afectivas y sexuales, buscar otra forma de liderar y dirigir…, encontrar alternativas a la sociedad actual.

Dice Andrea Dworkin[3] que nuestros opresores no son solo los hombres jefes de Estado, hombres capitalistas, hom-

---

3. Andrea Dworkin, *Our blood*, Nueva York: Perigee Books, 1981.

bres militaristas, también lo son nuestros padres, hijos, esposos, hermanos y amantes. Por lo que es tiempo de preguntarnos: «¿Qué pueden hacer ellos por nosotras?». Esa debe ser la primera pregunta en cualquier diálogo político con los hombres.

Si alguien duda de la existencia del patriarcado y la opresión, en el capítulo «Así se construyen los privilegios» he pretendido aclarar las dudas. Y, cuando en este libro hablo de hombres, hablo de colectivo: varones socializados para ser hombres. Y cuando hablo de mujeres, también. Las personas que piensan que las feministas odiamos a los hombres lo piensan porque los medios se han dedicado a potenciar esta idea para desprestigiar el movimiento feminista. Estas personas que creen que odiamos a los hombres, en lugar de informarse y unirse a una lucha que nos beneficia a mujeres y a hombres, deciden emplear su energía en desacreditar el movimiento y volver a poner en el punto de mira a los *pobrecitos hombres* que están sufriendo nuestras generalizaciones. Parece que no es suficiente que a las mujeres nos asesinen, nos maltraten, nos violen, nos invisibilicen, y una larga lista de injusticias. Se ha normalizado tanto la opresión que cualquier respuesta a su violencia es vista como odio y volvemos a poner el foco en los *pobrecitos hombres*. El patriarcado responde a nuestra lucha con odio porque no sabe hacerlo de otra manera, no pueden imaginar que haya otra forma de responder, de gestionar, por lo que tenemos que cambiar esas respuestas habituales que nos devuelve el patriarcado a través de la educación.

Si el libro que esperas leer es de *pobrecitos los hombres*, este no es tu libro. Pobrecitas nosotras. Ellos, a pensar su forma de ser. Más de mil hombres han asesinado a sus parejas o exparejas desde que se contabiliza en nuestro país. Pero debemos añadir el resto de los hombres que han asesinado a mujeres con las que no tenían una relación sentimental. Debemos añadir el resto de los hombres que maltratan física y psicológicamente a diario a su pareja o a las mujeres que tienen alrededor, los hombres que violan, acosan, agreden, los hombres que hacen sufrir a las mujeres, y, además de todos ellos, los hombres que no hacen nada por evitarlo.

Martin Luther King (que no era feminista, precisamente) decía que la mayor tragedia actual no es la perversidad de las personas malvadas, sino el silencio apabullante y la inacción de las personas buenas. Es el momento de que los hombres hablen y actúen.

El machismo no viene de la nada, no tiene un origen desconocido ni brota de las plantas. Las ideas, los discursos, la educación, el cuestionamiento de certezas y las políticas públicas que deslegitiman a las mujeres son propicias para permitir el sexismo y la misoginia. Si votas a un partido político que pacta con personas que quieren derogar la Ley Integral de Violencia de Género, por ejemplo, eres responsable de justificar un discurso misógino. Si crees que tu hijo es una niña porque se pone un disfraz de princesa y le gusta jugar a las Barbies, estás creando un escenario perfecto para perpetuar el sistema de géneros con sus correspondientes estereotipos. Todas las personas cometemos errores, pero lo primero que tenemos que hacer es ser conscientes de cuáles son esos errores e intentar remediarlos.

Recordad siempre que, cuando se hacen campañas de sensibilización antirracista, se dice que basta de violencia contra las personas que sufren opresión o discriminación por su raza, no basta de violencia contra todo el mundo. Ni tampoco les responden que a las personas blancas también nos oprimen. Pocas personas cuestionan la existencia del racismo y, sin embargo, se cuestiona constantemente la existencia del machismo cuando se señalan actitudes sexistas. En este libro mi intención es señalar esas actitudes sexistas que apenas se ven y buscar una solución para que los propios niños las identifiquen y aprendan a resolverlas.

Es importante asumir que con el movimiento feminista muchos hombres están desubicados. Mujeres con conciencia feminista han empezado a dejar de desear a los varones porque muchas veces estos parecen perder toda la inteligencia cuando se empieza a hablar de feminismo. No quieren entender ni escuchar. No quieren oír hablar de algo que atenta contra sus privilegios. En buena parte, por eso escribo este libro; quiero analizar las causas y proponer soluciones para ubicar a los niños, evitar culpabilidades, hacerlos responsables y que se conviertan en hombres libres que de verdad entiendan el movimiento. Para que no se sientan amenazados por el feminismo.

Antes de abordar cualquier asunto, quiero explicar que, a pesar de la educación que podamos darles, estos niños convertidos en hombres tendrán que hablar desde su propia experiencia, analizar el sufrimiento que el sistema patriarcal ejerce en sus vidas para encontrar su propia forma de subvertir la masculinidad.

Hoy existen hombres que se consideran aliados de la causa feminista porque van a las manifestaciones y pasan la aspiradora en casa, pero muchas feministas niegan que puedan existir hombres lo suficientemente sensibilizados con el tema y ni siquiera se creen a los aliados; me temo que estoy bastante de acuerdo con ellas. Puede que haya hombres que hagan verdaderos esfuerzos para entender el movimiento y nuestra lucha, pero, por culpa de la socialización que han recibido, la construcción de su género y sus privilegios, es muy difícil que sean verdaderos aliados. Otros, en cambio, ven tambalearse sus privilegios y atacan el movimiento constantemente, y aseguran que la masculinidad es inherente al hombre. El papel de los hombres en el movimiento feminista debe ser inexistente; sin embargo, en una sociedad feminista sí que van a tener un gran papel, y para ese momento hay que educar a los niños de hoy. El feminismo seguirá adelante con o sin los hombres, pero ¿y si empezamos a criar a nuestros niños para que sean verdaderos aliados del feminismo? ¿Y si, además, eso les convierte en personas mucho más solidarias, empáticas, generosas, sensibles y honestas? ¿Y si las mujeres, además, desaprendemos un montón de comportamientos asumidos en ese camino?

El feminismo ha tomado tal dimensión y tiene una envergadura tal que ahora mismo pone en un lugar mucho mejor a los hombres. Destruir la masculinidad y las formas de ser de un chico y un hombre son la vía para mejorar la situación. No es un beneficio exclusivo para las mujeres, que dejarán de ser víctimas de una sociedad desigual, sino que es un beneficio para los niños, los hombres y para toda la sociedad.

2.
Cómo es un niño

La masculinidad no puede existir sin la feminidad. Por sí sola, la masculinidad no tiene sentido, porque no es más que la mitad de un conjunto de relaciones de poder. La masculinidad pertenece a la dominación masculina como la feminidad pertenece a la subordinación femenina.

SHEILA JEFFREYS

Dos mujeres lesbianas me contaron que tuvieron dos hijos a través del método ROPA.[4] Ellas son activistas feministas y los han educado desde que son pequeños de forma igualitaria. Su hijo mayor tiene una personalidad más complaciente y siempre ha sido un chico sensible y respetuoso, que tiene sobre todo amigas y que no parece identificarse, por ahora, con la masculinidad dominante. El pequeño, sin embargo, aunque ha recibido la misma educación, tiene una perso-

---

4. Tratamiento de reproducción asistida para mujeres lesbianas que consiste en compartir la fecundación *in vitro* para que ambas mujeres puedan ser las madres biológicas, pues una de las mujeres es la gestante y la otra, la madre genética del bebé (ya que dona sus óvulos).

nalidad más fuerte, tiene sobre todo amigos, le gustan los juegos dirigidos a los niños, entre otros, y cumple perfectamente su rol sexual estereotipado de niño.

En todas las familias tenemos ejemplos de hermanas y hermanos criados por igual con personalidades muy diferentes; entonces, ¿cuál es nuestra área de influencia en nuestras criaturas? ¿Cuántas formas saludables hay de ser niño?

Como confirman diversos estudios,[5] la educación que proporcionamos a nuestras criaturas solo configura el 10 % de su personalidad. La herencia genética aporta el 40 % y el entorno, el 50 %. Según esto, podemos pensar que a las familias y al colegio nos queda un área ínfima de influencia, pero que el 50 % lo decida el entorno es crucial, y todas las personas formamos parte de ese entorno. Además, contra la herencia también se puede reconstruir. Vamos a ver, entre otras cosas, cómo la plasticidad del cerebro de las criaturas es determinante en su educación y cómo son más importantes los estímulos sociales que reciben, a la hora de construir su rol sexual, que su sexo de nacimiento.

5. Eduardo Costas y Victoria López Rodas, «El futuro de nuestros hijos depende principalmente de la genética», *Tendencias21*. Disponible en: <https://www.tendencias21.net/El-futuro-de-nuestros-hijos-depende-principalmente-de-la-genetica_a44816.html>.

Atención, otro hombre ha llegado al mundo

La construcción de la masculinidad comienza mucho antes de que un bebé niño nazca. Cuando una mujer está embarazada de un bebé varón, empiezan las expectativas que van a construir su género. Es posible que la futura madre piense que por ser un niño será menos cuidador, menos atento con las personas que tiene alrededor y con ella misma y que para él será más importante el entorno exterior que el de su familia. «¿Será cariñoso? ¿Sacará la labia de su padre o mi timidez?». También comienzan los miedos que pueden afectar a su masculinidad, y pensará «que sea alto» o «que no sea débil», por ejemplo. Todas estas cuestiones pueden convertirse en profecías autocumplidas, ya que poco a poco esa madre embarazada o ese padre que espera un hijo irán estableciendo el recorrido de su hijo en función de su sexo: pintarán su habitación de azul, elegirán unas sábanas acordes al sexo: ni las de bailarinas ni las de flores ni las de mariposas, escogerán las sábanas de nubes, de estrellas, de rayas o de dinosaurios. Y seguramente azules o neutras, en ningún caso rosas o violetas. En lugar de un cuadro de elefantes rosas que les gusta, elegirán unos barcos marineros o unos helicópteros de colores. Su familia y amistades empiezan a regalar ropa y, si no saben el sexo, la ropa será blanca o amarilla. Si ya saben el sexo, nadie se va a arriesgar: pantalones, patucos, toquillas, jerséis, gorros y todo lo que le rodea será azul. O *beige* o marrón o blanco. Su padre le ha sacado el carnet de su club de fútbol, puede que incluso le compre una bufanda o una camiseta. Si alguien le cuestiona que desde antes de que tenga uso de razón ya sea socio de un club de fútbol, se preguntará: «Pero ¿qué tiene de malo? El fútbol es un deporte como otro cualquiera». El padre ha visto un coche de juguete y se lo ha comprado. Antes de que nazca, nuestro niño tiene la habitación perfecta para un niño. Y, nada más nacer, este bebé, solo por tener pene, va a empezar a recibir las primeras muestras de afecto por parte de la gente que tiene alrededor de forma específica: su padre le va a hablar en un tono fuerte y le va a decir cosas como «Tienes que hacerte mayor para poder jugar a la pelota conmigo» o «Vas a ser el terror de las niñas». Su abuelo lo coge en brazos y dice que es un *hombretón*, un amigo dice que mejor no lo cojan en brazos que se va a acostumbrar. Desde el primer día, cuando su madre le cambia el pañal, alguien hará un comentario tipo «está bien dotado», refiriéndose a su pene. Cuando su padre le da besos, alguien le recrimina que el niño saldrá «blandito». Este niño crece y en su primer cumpleaños, cuando no sabe ni hablar ni andar, ha recibido un robot, un coche eléctrico, una pelota y unos zapatos de cordones. Ha heredado la ropa de su primo, no de su prima, y los juguetes que a su primo le sobran son piezas de construcción y unas pistolas de juguete. En Navidad le han regalado un garaje para coches y una figura de Spiderman. A su prima le han regalado un muñeco bebé con su silla de paseo. Para nuestro niño, la silla de paseo es mucho más divertida, y el bebé también, pero sus padres, sus tíos, sus abuelos y toda la gente que tiene a su alrededor le hacen ver que no son cosas para él. Incluso alguien comenta: «Cuidado que saldrá marica».

A medida que la criatura va creciendo, la diferencia en la socialización se intensifica: cada vez que se cae y se hace daño le dicen «que los niños no lloran». Cuando se queja, le dicen que «los niños no se quejan». Cuando corre mal, le dicen que «corre como una niña». Cuando tira mal la pelota y no mete gol, le dicen que «ha jugado como una nenaza». De esta forma, el niño entiende rápidamente que las niñas hacen mal las cosas, porque hacer las cosas como ellas es hacerlo equivocadamente y, además, es objeto de burla. Cuando un amiguito llora, es que se porta como una nena; cuando lleva un jersey rosa, otro ha dicho que va vestido como una niña. Todo el universo de niña es debilidad, sumisión y delicadeza. Desde que son pequeños y hasta cuando son adultos, los varones tienen que justificarse constantemente de que no son unas niñas, de que no son mujeres, de que no son nenazas, de que no son gais, y deben rechazar todo lo femenino. Y, para diferenciarse de lo que es una niña, él debe ser todo lo contrario: fortaleza, dominación y competitividad. Uno es chico/hombre en tanto que el resto de las personas de su sexo lo reconocen como tal. Y nuestro niño lo ha aprendido muy pronto.

A su alrededor observa que las personas que están en el poder, que tienen influencia y que tienen capacidad de hacer cosas «importantes» y «visibles» son hombres: lo que hacen los hombres, además, está mucho mejor valorado socialmente. En la ficción, en la cultura y en los medios le transmiten la misma idea. Desde el momento de su nacimiento, nuestros niños ya saben que están un paso por delante de las niñas. Y a los seis años[6] nuestras niñas asumen que están un paso por detrás y ya se sienten menos inteligentes que los niños. Según esta premisa, los niños a esa edad seguro que identifican que son más inteligentes y más importantes que las niñas. ¿Y cómo llegan a esta conclusión? Pues a través de todo lo que hemos visto, de forma sutil y deliberadamente.

Por ejemplo, una tarde en casa están viendo la película de dibujos animados *El libro de la selva*, y cuando Mowgli ve por primera vez a una chica, Baloo le dice: «Olvídate de eso, hijo, esas solo traen líos». O cuando ven *Los aristogatos*, mientras los tres gatitos están jugando, uno de ellos, refiriéndose a su hermana, le dice: «¡Pelea limpio, Marie!». A lo que su hermano responde: «Todas las mujeres son tramposas». Y cuando entra su madre, le dice: «Marie, no juegues así con los chicos, no es digno de una damita». Cuando ven las series de televisión observan cómo los personajes masculinos y femeninos están correctamente codificados: las chicas llevan ropa de colores «de chica», el 90 % lleva falda y desempeñan labores tradicionalmente feminizadas. Eso cuando aparecen, porque en la mayoría de las series los personajes principales son masculinos.

6. Lin Bian, Sarah-Jane Leslie y Andrei Cimpian, «Gender stereotypes about intellectual ability emerge early and influence children's interests», *Science*, 2017, vol. 355, n.º 6.323, pp. 389-391. Disponible en: <http://science.sciencemag.org/content/355/6323/389>.

Sus compañeras y compañeros de clase, los amigos con los que juega al fútbol, los amigos con los que juega al pillapilla en el patio, su padre, su tío, su abuelo, los juegos, la publicidad, los medios de comunicación, el cine y las series de televisión, los referentes de mujeres y hombres que tienen a su alrededor van perpetuando el mismo estereotipo. Las mamás del cole que pasan las tardes en el parque y suelen ser las que cocinan, limpian y preparan todo en casa, los papás que llegan tarde del trabajo y que hacen poco o nada en casa y que no se dedican a su cuidado y que seguramente son mucho más divertidos. Pocas personas expresan abiertamente las diferenciaciones, pero es una información subrepticia que reciben de todo lo que los rodea. Ellos ocupan más espacio en áreas de poder y de opinión, y ellas, menos. Ellos ocupan puestos de decisión y ellas, menos. Ellos ocupan los espacios públicos y ellas, los privados. Una vez que ambos sexos están correctamente socializados, se produce la dominación y, en algunos casos, empiezan las formas de explotación más evidentes: el trabajo reproductivo y doméstico, la violencia sexual, la violencia machista, las desigualdades económicas o la normalización de la prostitución y la pornografía. El mensaje que reciben las chicas es claro: ellas son las portadoras de la emoción, la sensibilidad y la dependencia. Y el mensaje que reciben los chicos también: ellos son portadores de la razón, la objetividad y la independencia. E, implícitamente, descubren que ellos son mejores por todo lo que la sociedad les transmite en lo simbólico, en la calle, en casa, en lo público. Y todos esos mandatos sociales son los que le van a ayudar a ir formando su identidad, su personalidad, su forma de relacionarse con otras personas y la jerarquía de los sexos.

¿Quieres ponerte a prueba? Te propongo un test para que averigües cómo de laxo es el estereotipo del niño varón:

TEST
¿Cómo es su estereotipo?

Cómo tiene de asentados los estereotipos asociados a su sexo tu hijo, nieto, sobrino, alumno o niño que tienes alrededor. Responde sí o no. Si el niño es muy pequeño, las últimas preguntas no cuentan en el recuento de síes o noes.

1. Le gusta o no le importa usar prendas de color rosa, violeta o morado.

2. No le parece un insulto que le digan que parece una niña.

3. Le interesan de forma espontánea, entre otros, los juguetes que tienen que ver con el hogar: cocinas, muñecas y útiles de limpieza.

4. Le gusta o no le importa que otro niño amigo le muestre afecto con, por ejemplo, un beso en la mejilla.

5. Le interesan las series o películas en las que la protagonista es una chica.

6. Le interesan los libros protagonizados por chicas.

7. Ayuda en las tareas de la casa.

8. Tiene buenas amigas.

9. Le parece bien que una niña sea más fuerte que él.

10. Le parece bien que una niña juegue a un deporte mejor que él o que otros niños.

11. Le parece bien que una niña tenga el control de un juego, un trabajo en equipo o similar.

12. No le molesta que otras niñas sean mejores que él en el colegio y eso no supone una frustración.

13. No le molestan ni juzga a los niños que se expresan con formas socialmente asociadas a las formas históricamente femeninas.

14. Consiente, aunque sea jugando y disfrazándose, ponerse ropa o complementos asociados a las chicas.

15. No le importa expresar sus emociones o llorar en público.

16. No le importa o le gusta que su champú, gel o pasta de dientes tenga un referente de *marketing* femenino.

17. No le molesta los referentes de *marketing* que tiene en la mochila, el estuche, las sudaderas o cualquier prenda o complemento exterior que se asocien al sexo femenino.

18. Acepta llevar una bicicleta rosa, unos patines morados o un casco violeta.

19. No le sorprende que un hombre lleve el pelo largo, pendientes o que use ropa diferente.

20. Le parece bien que las niñas jueguen a los mismos deportes o juegos que él y, además, las incluye espontáneamente en esos juegos.

21. Cuando está con amigas, les permite que se pongan delante, no las interrumpe y cede ante sus intereses cuando es necesario.

22. Es cariñoso y expresa sus emociones correctamente. Es sensible y tiene empatía con las personas de su alrededor.

23. Es generoso con su tiempo y con su espacio.

24. No utiliza nunca la violencia.

25. Cuida y se preocupa por las personas que tiene a su alrededor.

26. Asume la responsabilidad que le corresponde en la planificación, gestión y organización de la vida y el hogar.

27. Respeta a las chicas quiera o no quiera una relación afectivo-sexual con ellas.

28. No le interesa la pornografía ni la prostitución porque es consciente de la explotación sexual que sufren las mujeres y porque sabe que no representan una sexualidad real ni saludable.

29. Contesta cuando en un grupo de WhatsApp envían mensajes ofensivos o humillantes hacia las mujeres o cuando alguien hace un comentario misógino.

30. Es consciente de las injusticias que se producen por culpa del sistema patriarcal. Sabe identificarlas y hace todo lo posible por no reproducirlas en su entorno y por condenarlas públicamente.

Si la mayoría de tus respuestas han sido «sí», enhorabuena. Tienes un niño libre de estereotipos al que va a ser relativamente fácil acompañar para que sea un aliado feminista.

Si la mayoría de tus respuestas han sido «no», tenemos un buen trabajo por delante, pero es perfectamente reconducible. Arremanguémonos y empecemos a trabajar.

El sexo y el género

Para entender cómo está organizado el patriarcado es fundamental entender qué es el sexo y qué es el género.

El sexo de un varón tiene genitales externos masculinos (pene), testículos y los cromosomas XY. El sexo femenino tiene genitales externos femeninos (vulva, clítoris, útero), ovarios y cromosomas XX. Las personas llegamos al mundo con un sexo de nacimiento; no se nos asigna, se nos categoriza biológicamente a través de él como al resto de los mamíferos.

Si consultamos un libro de antropología, filosofía o sociología, la respuesta a «qué es un varón» se amplía, porque no es lo mismo ser hombre en Islandia que en una tribu de Papúa, porque la cultura y el entorno desempeñan un papel importante en la construcción de la masculinidad. Los varones no son todos iguales y existen infinitas formas de ser un chico. Tantas como personas, personalidades, contextos y herencias genéticas. Sin embargo, y a pesar de todas las variaciones, en cuanto nace un ser humano con pene, la sociedad asume que tiene sexo masculino, le va a imponer el género masculino y va a construir ese género asignado a su sexo a través de la educación que recibe.

Para entender las diferencias estructurales que suceden en el mundo, lo primero que hay que tener claro es otro concepto básico: el género. El término *género* fue una aportación del feminismo para explicar el patriarcado y revela que no se nace con un género, se nace con un sexo y el género es una categoría que se impone y se construye según el sexo con el que naces. El género es la herramienta del patriarcado para mantener la desigualdad, es lo que la sociedad atribuye a las criaturas en el momento del nacimiento: te asignan pertenecer a uno o a otro en función de tus genitales. Las personas nacemos con un sexo biológico determinado por nuestros genitales y nuestros cromosomas, y este puede ser femenino y masculino.[7] Las personas nacemos con un sexo asignado según nuestra genitalidad, y el género se construye socialmente y constituye una jerarquía en la que existen géneros opresores y géneros oprimidos. En una explicación simple: el sexo masculino sería el género dominante y opresor y el sexo femenino sería el género sumiso y oprimido.

El género lo construye la sociedad a través de la educación que recibimos, los sistemas de organización, la cultura, la economía, la religión, los medios de comunicación, las tradiciones, las leyes…, el patriarcado nos otorga un lugar en la sociedad según nuestro sexo y la construcción del género asociado: si somos niñas, llevaremos ropa y complementos de colores y formas determinadas que nos impedirán movernos con libertad, nuestros juegos de la infancia estarán relacionados con nuestro lugar en la sociedad, se potenciará nuestro atractivo físico, se nos exigirá obediencia y portarnos bien, ser delicadas, complacientes, pasivas y cuidadoras. A los niños, el género les exigirá ser dominantes, fuertes, autosuficientes, aventureros, ganadores, activos y arriesgados. El género también exigirá a las mujeres ser objeto de deseo de los hombres a través de la belleza, la prostitución

7. De forma excepcional, pueden ser intersexuales. Las personas intersexuales tienen hiperplasia suprarrenal congénita (HSC) y nacen con órganos y características sexuales masculinas y femeninas. Alrededor del 1 % de la población mundial es intersexual.

o la pornografía. El género convertirá a los hombres en personas deseantes de ese objeto. El género colocará a la mujer a desempeñar las principales tareas del hogar y los cuidados sin que reciban ningún dinero a cambio o a servir como posibles vientres de alquiler. El género colocará al hombre para que se realice fuera de casa y sea el responsable principal de traer el dinero al hogar. El género provocará que los hombres se sientan con derecho a maltratar, abusar, violar o incluso asesinar a una mujer, y el género es el responsable de que las mujeres sean maltratadas, abusadas, violadas e incluso asesinadas. El género lleva a que muchas niñas del mundo sean obligadas a casarse y sufran planchado de senos o mutilación genital. El género será el responsable de que muchos hombres del mundo se sientan con derecho a casarse con niñas, violarlas y mutilarlas. El género no es una identidad que las personas elijamos a través de la expresión, a través de la ropa, el estilo o las maneras, cómo se ve cada una o cada uno, ni los gustos personales; el género es un sistema de opresión, desde el que oprime hasta la oprimida. El género hace que el varón se inscriba en lo universal y la mujer, en lo particular. El género hombre *es* y el género mujer es *lo otro*. El género se construye en la existencia de un sexo u otro.

Existen corrientes que, contrarias a la premisa feminista, piensan que el género es un espectro que rompe el binarismo *hombre-mujer* y que existen muchos más géneros no binarios. El problema es doble: por un lado, el género no es la expresión de nuestra identidad, sino que es un sistema jerárquico de castas sexuales, por lo que las personas no pueden sentirse identificadas con una clase oprimida u opresora si no han sido socializadas y designadas como tales. Por otro lado, al perpetuar el sistema de géneros, la jerarquía y las castas se amplían, por lo que el problema de la desigualdad de género continúa y se recrudece todavía más. No solo no desaparece el género, sino que lo multiplicamos y, con él, multiplicamos el problema de ajustarnos a un modelo y una forma de actuar estereotipada.

Por este motivo, el feminismo radical (el feminismo que va a la raíz de la dominación, para eliminarla), consciente de que el género es el causante de las desigualdades generadas por el patriarcado y del borrado de lo que es una mujer y la opresión que sufre, resuelve que la solución es abolir el género, o al menos ser críticas con él, y eliminar las construcciones sociales que se hacen a través de los estereotipos y, por extensión, suprimir las desigualdades que producen las castas sexuales. Solo si nos liberamos del género se podrán empezar a construir relaciones más igualitarias y en libertad. No se trata de que las personas no podamos expresarnos como nos plazca; va mucho más allá, porque no habrá una expresión «masculina» ni «femenina», todas las expresiones serán válidas porque no existirá una caja de género donde situarnos. La idea es acabar con la jerarquía establecida por las construcciones de género, crear un nuevo orden social en el que desaparezcan las relaciones desiguales de poder. ¿Una sociedad de seres humanos, de personas, a las que no afecte socialmente su sexo de nacimiento para construir un género jerárquico? Esto es.

Creo que la crítica hacia el género pasa, primero de todo, por la eliminación de un sistema social organizado desde los roles de género. Entre otras cosas, debemos romper estereotipos: acabar con la forma en la que se construye el género. Que no exista ese constructo social que nos dice cómo tiene que ser un niño y cómo tiene que ser una niña. Esto no significa que la forma en la que se exprese cada persona también haya que eliminarla: si las criaturas fueran realmente educadas sin el encorsetamiento del género, su expresión sería realmente libre y podrían expresarse como quisieran, pero no sería una «expresión de género», sino una forma de ser que no tiene nada que ver con la construcción que la sociedad tiene reservada para ti; esta es la verdadera diversidad. Una vez que rompamos completamente el género, la reconstrucción de la igualdad viene prácticamente sola: si enseñamos a los niños que no son superiores, que deben tener empatía, que deben respetar a las mujeres y no participar ni activa ni pasivamente en ningún ambiente de explotación de las mujeres, que no deben dominar ni manipular, que deben implicarse completamente en el trabajo doméstico y en los cuidados, que su responsabilidad única no es conseguir dinero y un largo etcétera, nos encontraremos en una sociedad más igualitaria, porque los niños serán socializados igual que las niñas. O, lo que es mejor todavía, las niñas y los niños serán socializados de la misma forma, de manera neutra.

Según su rol sexual, los niños deben ser físicamente fuertes, valientes, emocionalmente inaccesibles, dominantes y competitivos; deben llevar pantalones, ropa no femenina y pelo corto. Deben jugar con pelotas, vehículos o superhéroes. Ese estereotipo se construye a través de muchísimos referentes desde el momento en el que nacen y absolutamente todo lo que los rodea les va a decir cómo se construye el género asociado a su sexo biológico. Y esta construcción del género es responsable de las desigualdades.

A las mujeres no se las oprime porque lleven pendientes o faldas, se las oprime porque tienen vulva y el poder de reproducirse. De la misma forma, los hombres no oprimen porque lleven pantalones, sino porque tienen pene. Pero los marcadores del género inciden en las desigualdades y nos recuerdan que los que oprimen tienen pelo corto y pantalones y a las que están oprimidas su construcción del género les transmite que deben llevar tacones o pelo largo. Porque también se oprime a través de la ropa y los símbolos.

Dice Rodríguez Magda[8] que la destrucción social del género puede hacerse desde dos frentes: la liberación biológica (control de la reproducción, anticonceptivos, aborto, paridad y el resto de los logros legislativos) y, por otro lado, una vertiente teórica crítica del patriarcado que pretenda instaurar una democracia feminista.

Así lo explica Lecuona:[9]

8. Rosa María Rodríguez Magda, *La mujer molesta*, Madrid: Ménades, 2019.
9. Laura Lecuona, «El género y su tiro por la culata», *Tribuna Feminista*, 2019. Disponible en: <https://tribunafeminista.elplural.com/2019/04/el-genero-y-su-tiro-por-la-culata/>.

Pero el secreto del patriarcado, su gran estrategia de conquista, es mandar el mensaje de que todo eso es inmutable y viene dado por Dios o por la naturaleza. Si los hombres son violentos, no queda más que resignarse; están destinados a ser la clase superior y dominante porque así lo dicta su biología, y las mujeres están para obedecerlos, complacerlos y complementarlos. El feminismo parte de una premisa muy distinta: si pensáramos que no hay remedio, no habríamos organizado un movimiento político para luchar contra la violencia masculina y buscar nuestra emancipación. Nosotras no pensamos que ese sistema llamado género forme parte de la naturaleza humana. Pensamos, por el contrario, que es un constructo social, una serie de ideas socialmente creadas y socialmente reproducidas y transmitidas.

Como dice Lidia Falcón: «La mujer no existe, somos únicamente género, pero las bofetadas se las dan a las mujeres, no al género».

Estereotipos de género

¿Y qué ocurre cuando un niño es sensible, emocional, le gusta llevar vestidos, el pelo largo, le atraen las muñecas, jugar a las casitas y a maquillarse y todo lo que el estereotipo relaciona con una niña? Ocurre que es un niño liberado del rol sexual que le corresponde por su sexo de nacimiento, que no tiene por qué adaptar su cuerpo a una sociedad que tiene categorizadas las formas de actuar en masculinas y femeninas, sino que todas las personas tenemos que hacer un esfuerzo por adaptar la sociedad a su cuerpo y su identidad y aceptarlo dentro de la normalidad. Porque, si asumimos que el conjunto de estereotipos y roles que se asignan al género femenino tienen que estar en identidades y cuerpos femeninos, estamos perpetuando el sistema contra el que luchamos: no por nacer mujeres debemos someternos al estereotipo. Y solo porque otra persona exprese el estereotipo femenino no es una mujer.

¿Y qué ocurre cuando un niño (o una niña) tiene disforia?[10] Aunque todavía se desconoce qué puede provocar esta condición para poder intervenir adecuadamente sobre quienes la padecen, parece que la sociedad, tal como funciona a través de los parámetros que dicta el patriarcado, la construcción del género y los roles sexuales, puede ayudar a que un niño pueda sentirse a disgusto con su sexo de nacimiento, como si estuviese en un cuerpo incorrecto, si considera que sus gustos y comportamientos se corresponden al sexo contrario. Porque, según la jerarquía de castas sexuales, si no perteneces a la caja de la masculinidad, perteneces a la caja de la feminidad. Y pertenecer a la caja de la feminidad es, según esta teoría, ser una mujer. O también puedes pertenecer a las múltiples cajas que la teoría *queer* ha creado. La propuesta es eliminar todas las cajas para que nadie tenga que cambiar su cuerpo ni

---

10. La disforia se produce cuando una persona tiene malestar con su cuerpo. En este caso, porque siente que su sexo de nacimiento no se corresponde con el género que se le ha impuesto.

su identidad y adaptarlos a una sociedad que ha construido cajas diferentes según la masculinidad y la feminidad.

A pesar de que el objetivo es ser críticas con el género, es importante explicar que esto no es una crítica a las personas trans que sufren de forma cotidiana la disforia. Las personas que sienten rechazo y malestar por su sexo de nacimiento tienen todo el derecho a ser respetadas por la sociedad, a investigar su caso de forma personalizada, a vivir como quieran y a gozar de todos los derechos que la sociedad tiene reservados para todas las personas.

Según un estudio,[11] la disforia es uno de los principales motivos de suicidio entre adolescentes, y descubrieron que los adolescentes trans de mujeres a varones tenían la tasa más alta de intentos de suicidio, un 50,8 %, seguidos por los adolescentes que se identificaron como no exclusivamente hombres o mujeres, un 41,8 %, y, a continuación, por adolescentes trans de varones a mujeres, un 29,9 %, y que el último lugar era para las adolescentes (17,6 %) y los adolescentes varones (9,8 %). La identificación como no heterosexual agravó el riesgo para todos los adolescentes, excepto para aquellos que no se identificaron exclusivamente como hombres o mujeres.

Por este motivo es prioritario educar y acompañar a nuestras criaturas para que se sientan queridas siempre, libres de expresarse como deseen, y para que aprendan a respetar las realidades de otras personas. Soñando con un futuro en el

---

11. Estudio *Profiles of Student Life: Attitudes and Behaviors. Transgender Adolescent Suicide Behavior* de Search Institute.

que nadie esté a disgusto con su cuerpo, sea del sexo que sea y de la forma que sea.

APUNTES
Ejercicio para trabajar con los niños:

Imaginad un mundo de personas de color rojo y personas de color verde. A las personas de color rojo, cuando nacen, les suben a unos zancos de color rojo, por lo que siempre ven el mundo desde una perspectiva diferente a como lo ven las personas de color verde. Dibujadlas en un papel.

En la construcción social que tiene ese lugar, a las personas de color rojo les gustan las galletas y a las personas de color verde les gustan los plátanos.

Cuando a una persona de color rojo le gustan los plátanos y bajarse de los zancos, ¿se convierte en una persona de color verde? ¿O es una persona de color rojo a la que le gustan los plátanos y que se ha bajado de los zancos?

El mito de la testosterona y el neurosexismo

Como hemos visto con el tema del género y los roles sexuales, los niños no nacen oprimiendo a las mujeres, no nacen en una posición de superioridad genéticamente hablando, ni las niñas nacen con su rol maternal y sensible impuesto en las entrañas. Muchos de los comportamientos de niñas y niños tienden a justificarse a través de las hormonas, los diferentes cerebros y su naturaleza. Hay corrientes que presuponen que, cuando los chicos son agresivos, se debe a altos niveles de testosterona, e incluso he llegado a leer que estas hormonas son las causantes de que los adolescentes disimulen sus emociones y de que pongan cara de póquer cuando algo no les interesa. También adjudican a la testosterona la dominación, la fortaleza y un montón de cualidades de la masculinidad; de la misma forma, a las mujeres se les atribuyen características que vienen dadas por sus propias hormonas, como la oxitocina y los estrógenos: así, según dicen, su inclinación a cuidar y a ser más comunicativas viene de ahí. Estas corrientes también dicen que los cerebros son diferentes: los de los hombres tienen mejor percepción espacial y las mujeres son más analíticas e intuitivas.

Sin embargo, a pesar de lo extendido de estas creencias, no hay estudios concluyentes que sostengan estas teorías. Es cierto que la testosterona es la responsable de los caracteres sexuales primarios y secundarios, pero también las mujeres tienen testosterona. Asimismo es cierto que los cerebros de mujeres y hombres son diferentes, pero también lo son entre los hombres y entre las mujeres. Deducir que las diferencias biológicas justifican los roles sexuales y los estereotipos es neurosexismo. Estas opiniones perpetúan la idea de que las injusticias que vivimos las mujeres provienen de nuestra naturaleza: esto se llama esencialismo. A estas alturas, los estudios científicos confirman que no existen diferencias entre el sexo femenino y el masculino más allá de las distinciones físicas, es decir, nuestras diferencias sexuales, cerebrales o anatómicas no justifican las desigualdades sociales.

Existen estudios en los que se ha demostrado que el cerebro o las hormonas no son responsables de la diferencia en los roles sexuales. Catherine Vidal[12] es directora de investigación del Instituto Pasteur de París y explica cómo la plasticidad cerebral, una propiedad del cerebro humano de modelarse en función de los aprendizajes y de las experiencias vividas, concepto muy extendido en los estudios de neurociencia, desmonta la idea del esencialismo y supera, de esta forma, el dilema que opone naturaleza y socialización. «Toda persona humana —según Vidal— tanto por su existencia como por su experiencia, es simultáneamente un ser biológico y un ser social». Esto nos propone que la plasticidad cerebral permite adquirir talentos nuevos, cambiar hábitos, comportamientos y elegir opciones. Por lo que cada persona puede elegir su forma de actuar y de vivir en función de multitud de opciones. Con respecto a la responsabilidad de la testosterona en la forma de ser hombre, Vidal y otras fuentes lo tienen claro:

Todos los roles atribuidos a la testosterona, que justifican el apetito sexual y la agresividad de los hombres, no están respaldados por pruebas experimentales que tengan consenso en la comunidad científica (Jordan-Young, 2016). Por el contrario, las investigaciones en sociología y en etnología muestran que, si muchos hombres adoptan estos comportamientos, es el resultado de una

12. Catherine Vidal, *Cerveau, sexe et pouvoir*, París: Belin, 2015. Ver también: Catherine Vidal, «El sexo del cerebro: más allá de los prejuicios», *Viento Sur*, 2017. Disponible en: <https://vientosur.info/spip.php?article12682>.

larga historia cultural de dominación masculina aliada a factores sociales, económicos y políticos que favorecen la expresión de la violencia (Héritier, 1996).

Pensar lo contrario puede ser peligroso: justificar comportamientos atroces por las hormonas puede llevarnos a comprender a ese padre de tres chicos de Milwaukee que permitió que sus hijos violaran a sus hermanas durante años porque, según él, «tenían las hormonas revolucionadas».[13]
Vidal también explica cómo el córtex cerebral en seres humanos es manifiestamente superior al del resto de los animales y, debido a esto, las personas somos más sensibles al entorno cultural que a nuestros instintos. La neurocientífica Gina Rippon[14] explica que el problema es que los estudios sobre las presuntas diferencias cerebrales entre hombres y mujeres se basan en muestras muy pequeñas, en metodologías inconsistentes y en análisis estadísticos deficientes. Entre los ejemplos más sonados,[15] está la idea de que los hombres son más promiscuos y que buscan múltiples parejas,

13. Informativos Telecinco, «Tres jóvenes violan a sus hermanas y su padre lo consiente: tenían las "hormonas revolucionadas"», *Telecinco*, 2019. Disponible en: <https://www.telecinco.es/informativos/sociedad/jovenes-violan-hermanas_0_2742075047.html>.
14. Gina Rippon, *The Gendered Brain*, Londres: Bodley Head, 2019.
15. Josep Corbella, «Ni de Marte ni de Venus: el cerebro es unisex», *La Vanguardia*, 2019. Disponible en: <https://www.lavanguardia.com/ciencia/20190428/461897463477/neurosexismo-diferencia-cerebro-hombres-mujeres.html?fbclid=IwAR3lYf8gU1M2Z4ufFQ1rUVgW1htyISj_t93ao-6jwug3W__QVqA64zHg_wug>.

mientras que las mujeres buscan una sola pareja estable. Esta investigación, cuyas conclusiones permearon durante más de sesenta y cinco años en el imaginario colectivo, fue realizada con moscas. Cuando repitieron los experimentos en 2012, los resultados fueron muy diferentes y se dieron cuenta de que, en el experimento de 1948, se habría llegado a la misma conclusión si no se hubieran desechado parte de los resultados. También el estudio que se realizó sobre la forma de procesar el lenguaje entre hombres y mujeres en la Universidad de Yale en 1995 se ha demostrado, trece años después, que era incorrecto. En definitiva, se ha utilizado la diferencia anatómica para legitimar la desigualdad y, como dice Josep Corbella, «con el agravante de que pocos ciudadanos tienen la formación necesaria para cuestionar mensajes ideológicos que se les presentan como verdades científicas. Ya saben, "no es machismo, es el hipotálamo"».

En consecuencia, podemos concluir que los comportamientos son educables, tal como confirman la mayoría de los estudios neurocientíficos. He conocido a niñas y a niños que, en cuanto su motricidad se lo permite, se suben a las sillas para asomarse a las ventanas, y bien nos cuidamos de detener este tipo de conductas, por lo que los límites que les ponemos a nuestras criaturas las educan y las preparan para el mundo. Este es nuestro cometido como familias y docentes: poner límites para enseñarles cómo comportarse. Pero no solo educamos en casa y en el colegio, educan las amistades, la publicidad, los medios de comunicación, internet, los prescriptores o *youtubers*, las redes sociales, el tendero, la panadera, la librera del barrio, el tío soltero, la abuela tradicional, cineastas, autoras y autores de libros de ficción, artistas, periodistas, personas que se dedican a la política, la ciencia, la justicia y un infinito etcétera. Todas las personas debemos ser conscientes de qué transmitimos y cómo lo transmitimos, porque también estamos educando a una sociedad y es necesario visualizar el impacto de todas nuestras decisiones y creaciones.

Muchos pensamos que hemos educado a nuestras criaturas para que sean libres a la hora de elegir juguetes, y a veces nos sorprendemos de que su elección se corresponda, desde que son bebés, con su rol sexual. A pesar de todas las evidencias que explican cómo las y los bebés reciben los estímulos que construyen el género correspondiente a su sexo desde que nacen, seguimos creyendo que no, que nuestros bebés han sido completamente libres. Constantemente me encuentro con madres o padres que me aseguran que su bebé iba detrás de la pelota desde que empezó a gatear. O que su niña acunaba muñecas desde que lo recuerda. Nadie recuerda ese momento en el que la niña jugaba indistintamente con muñecas y pelotas hasta que algo le hizo reconducirse. Ni ese otro momento en el que alguien le quitó a ese niño la muñeca para darle un coche. Quizás no fue esa persona y fue otra: esa abuela que pasa las tardes con ella, ese tío que se ofrece para cuidarlo, esos anuncios de televisión, esa mamá cuidadora en exclusiva…, muy pronto empiezan a salir esos abuelos que regalan pelotas, esas madres que visten a sus niñas con vestidos y lazos o esos padres que se tiran en el suelo para hacer carreras de coches con ellos. Yo tengo dos hijas que han pasado por diferentes fases y tienen intereses diversos. Jugaban con pelotas cuando eran muy pequeñas, tenían coches, aviones y juegos de exploración. Han jugado con todo tipo de juguetes, incluidas muñecas. Una de ellas, hoy, se ajusta bastante a su rol sexual, sin embargo, la otra no. ¿Qué ha pasado, si yo les he dado la misma libertad? Ha pasado que en la construcción de su rol sexual no estoy solo yo, que cada una ha percibido sus influencias de forma diferente y que seguro que hay muchas señales que yo he sido incapaz de ver.

Por eso siento que es prioritario que empecemos a identificar esas señales. Estar alerta de todo lo que hacemos para favorecer la construcción del rol de nuestra criatura.

Hablamos de cómo educar a un niño para vivir en una sociedad feminista, por lo que no me importa si su impulso le lleva a jugar con pelotas y coches, a ser agresivo o a no interesarse por las tareas del hogar o los cuidados. A mí tampoco me interesan nada las tareas del hogar y, sin embargo, me inculcaron su importancia: habrá niños que no se interesen y otros que sí, igual que las niñas. A una de mis hijas tampoco le interesa nada en absoluto lo que tiene que ver con la casa y los cuidados y siento que debo fomentárselo, y lo haría de la misma forma si fuera un varón. Cada vez con más frecuencia podemos ver cómo las niñas y los niños tienen intereses diversos que históricamente se han asociado a un rol sexual o a otro. Y educar consiste en enfrentarse a lo innato, a lo que la sociedad construye, y reconducirlo todo lo posible.

En las familias, en los colegios y en todos los entornos de los niños enviamos mensajes ocultos sobre la construcción de su rol sexual y cuanto antes los identifiquemos, antes podremos reaccionar. ¿Qué les estamos enseñando a nuestros niños sin darnos cuenta?

La masculinidad

Hemos visto que las personas somos una mezcla de herencia genética y socialización y cómo el entorno tiene un peso enorme a la hora de conformar nuestra forma de ser. Las niñas y los niños se educan de forma distinta, en todos los ámbitos de su formación, y reciben constantemente indicaciones sobre cómo debe ser una niña y cómo debe ser un niño. La masculinidad es lo que conocemos como el rol sexual asignado al sexo masculino que define cómo debe ser un hombre: sus características físicas, sus conductas, y es lo opuesto a lo femenino. Pero la masculinidad no es lo único que define a un varón.

Hay un patrón que se cumple en la masculinidad que es tóxico y perjudicial, tanto para los propios niños y hombres, que son víctimas de ellos mismos, como para las niñas y mujeres.

En 2018 hubo una campaña de Gillette contra la masculinidad, con un interesante vídeo que reproducía comportamientos masculinos inapropiados, pero demasiado comunes: niños que hacen *bullying* a otros niños, hombres que acosan a mujeres, niños que se pegan entre ellos… Aun siendo publicidad, daba en la diana de los privilegios masculinos, y se hizo viral enseguida. A pesar del acierto de la campaña en reflejar cómo funciona la masculinidad, cientos de miles de hombres se posicionaron en contra y argumentaron que los hombres, sencillamente, son así. Muchos de ellos llamaron a la acción para realizar un boicot a la marca y en redes aparecían varones tirando sus cuchillas de afeitar a la basura, condenando a la marca por haber incidido en la idea de que la masculinidad es perjudicial. ¿Que mi forma de ser hombre es mala? ¿Que me dicen que ejercer mi masculinidad es algo negativo? ¿Que me dicen que debería renunciar a mis privilegios como hombre? Por supuesto que los *machirulos* se rebelaron contra eso. Por eso es tan necesario revisar la masculinidad y los roles asociados a ella.

Un buen ejemplo de lo poco que los hombres se cuestionan a sí mismos es el síndrome del hombre irritable, un estado que sufren muchos varones alrededor de los cuarenta y cincuenta años y que está asociado a cambios hormonales y produce hipersensibilidad, frustración, irritabilidad, ansiedad… Especialistas que tratan a quienes lo sufren coinciden en una cosa, la negación: los hombres piensan que el problema está en cualquier parte excepto en ellos mismos. Los hombres no asumen la debilidad, se los educa para no hacerlo. Ellos tienen que ser los más veloces, los más fuertes, tienen que ganar más dinero, deben tener el control, no deben mostrar sus emociones, tienen que ser los más poderosos… El problema de todo esto es que siempre hay algún otro hombre que es más veloz, más fuerte, tiene más dinero, más control, más poder, lo que genera enormes frustraciones en una masculinidad que tiene las opciones muy limitadas, ya que deben disimular todos los rasgos de su personalidad que están asociados al rol sexual femenino por miedo a ser ridiculizados por otros hombres. Y esos hombres que acosan a otros hombres que muestran rasgos asociados al rol sexual femenino lo hacen porque tienen miedo a acercarse ni que sea un poco a algo remotamente parecido al sexo femenino. Y todo esto es porque la sociedad no valora *lo femenino*. ¿Qué les estamos enseñando a los niños para que crean que todo lo que tiene que ver con una niña es malo?

Tengo una amiga que tiene tres hijas y, mientras que dos de ellas juegan con juguetes históricamente relacionados con los niños, son físicamente fuertes, ejercen el liderazgo y tienen personalidades dominantes, una de ellas es más pacífica, se dedica a jugar a las casitas y a las muñecas y suele estar pendiente de su madre y disponible para ayudarla en casa. Mi amiga reconoció que, hasta hace poco, valoraba mucho más la forma de ser de las otras dos, hasta que se dio cuenta del error: ¿por qué socialmente está mejor valorado ser como *un hombre*?

Por eso es fundamental que los niños aprendan una nueva forma de ser, de sentir, de amar, de autoconocerse y de actuar. En todos los ámbitos de la vida, en sus relaciones con otros niños y hombres, en sus relaciones laborales, sociales y con las mujeres o niñas. En este momento de cambio, las personas que educamos necesitamos una linterna que enfoque el problema. Lo más importante que tenemos que aprender es que la masculinidad no es algo con lo que un hombre nazca: la masculinidad se aprende y se construye, y eso es lo que hay que reconducir. Los niños deben ser libres de elegir cómo quieren ser, pero las familias, la sociedad y los centros educativos tienen la responsabilidad de neutralizar comportamientos que inciden en una forma de ser que es perjudicial para ellos mismos y para toda la sociedad. Porque los padres, las madres, las familias, los colegios y la sociedad entera son los responsables de la construcción del género asociado al sexo, incluso antes de que nazcan.

¿Cómo reconocemos la masculinidad?

Pelo corto, alto. Vestido con pantalón y ropa *de hombre*. Barba. Este es el patrón físico. El ideal es incluso musculado, para reivindicar su fuerza. Pero ¿qué aprenden a ser por dentro?

Insensiblidad. Lo primero que aprende nuestro bebé socializado como niño en un país como el nuestro es la insensibilidad. Desde que es muy pequeño le dicen que los niños no lloran y no deben mostrar sus emociones ni sus sentimientos. Y, si no se lo dicen, él mismo puede ver cómo sus referentes masculinos así lo hacen, y como referentes no solo están su padre, su abuelo o su tío: todo es un referente masculino, y el peso que tienen el resto de los niños de su escuela, los *youtubers* o la cultura popular es enorme. Los superhéroes no sienten dolor, por eso son superiores. En sus juegos no suele haber espacio para los sentimientos y, como mucho, algunos aprenderán a gestionar el fracaso o el triunfo, pero el resto de las emociones se ocultan. De adultos, los hombres serán incapaces de mostrar sus sentimientos y de comunicar sus emociones. Por eso, cuando un hombre está deprimido no suele estar triste, los síntomas de depresión en el hombre son la irritabilidad, la ira, el enfado…, porque muchos son incapaces de mostrar su tristeza. Los niños y los hombres sienten dolor y rabia, pero rara vez la muestran.

Debemos enseñar a los niños capacidades emocionales: sus sentimientos y emociones son correctas, lo que tienen que aprender es a entenderlas y gestionarlas.

Competitividad. Porque en sus juegos, normalmente, se trata de ganar o perder, y por eso, entre ellos, se cultiva la competitividad. Juegan con coches, motos, aviones y normalmente hacen carreras. Si juegan con la pelota, normalmente es contra un equipo o contra alguien. Si juegan a ser superhéroes, la idea es luchar contra las fuerzas del mal. Casi todo el juego está construido en torno a la competitividad, donde otros niños son rivales constantemente. Incluso cuando expresan su amistad, existe una rivalidad. Los hombres no se preguntan cómo están, sino cuánto hicieron, cuál es su último coche, la última chica o el último trabajo que les hizo ganar tanto dinero. En sus conversaciones de adultos están siempre presente las aptitudes de unos y otros, y eso generará muchísima frustración e incluso, como dice el periodista David Arribas,[16] «puede llevar a que uno se considere un triunfador siendo un currante de clase baja y que humille a un compañero que está en las mismas circunstancias pero que encaja peor en el modelo de masculinidad hegemónica. Porque un hombre no puede ser un nadie, tiene que ser más que los que le rodean». Todo gira en torno a ganar.

Aquí debemos recordar a Stephen R. Covey,[17] que explica que en toda interacción humana existen cinco paradigmas: *ganar/perder, ganar/ganar, perder/ganar, perder/perder, no hay trato*. No hay una respuesta única, porque siempre va a depender de la circunstancia: dos niños compiten por un puesto, uno se lo lleva y el otro no, quizás quien no se lleve el puesto obtenga otro beneficio. Hay otros casos en los que es más evidente que perder sí que genera sensación de fracaso, pero la mayoría de las veces en la vida no se trata de una competición, porque generalmente, si no están ganando las dos partes, no está ganando ninguna. La mayoría de los resultados a los que las personas aspiran dependen de la cooperación entre otros, y la mentalidad *gano/pierdes* no conduce a esa cooperación. La filosofía de *ganar/ganar* ve la vida como un escenario de colaboración, no competitivo. Como dice Covey:

16. David Arribas, «La masculinidad de las élites y la ceguera de la izquierda», *El Salto Diario*, 2019. Disponible en: <https://www.elsaltodiario.com/masculinidades/masculinidad-elites-ceguera-izquierda-feminismo-lgtb-clases-capitalismo>.

17. Stephen R. Covey, *7 hábitos de la gente altamente efectiva*, Barcelona: Paidós Ibérica, 2017.

La mayoría de las personas tiende a pensar en términos de dicotomías: fuerte o débil, rudo o suave, ganar o perder. Pero este tipo de pensamiento es fundamentalmente defectuoso. Se basa en el poder y la posición, y no en principios. Ganar-ganar, en cambio, se basa en el paradigma de que hay mucho para todos, de que el éxito de una persona no se logra a expensas o excluyendo el éxito de los otros y que siempre existe una tercera alternativa. No se trata de tu éxito o el mío, sino de un éxito mejor, de un camino superior.

Agresividad. Y de la rivalidad deviene la agresividad. Desde que son pequeños, los niños se relacionan entre ellos normalizando la violencia. He visto cómo muchos hermanos se pegan entre ellos y las familias no han hecho nada para impedirlo: «Entre hermanos es normal –dicen–, es su forma de socializarse». Algunos padres juegan con sus hijos a hacer el bruto: pegarse flojo o fuerte es una dinámica común entre varones. Algunas familias incluso han normalizado la violencia hasta tal punto que ven normal darle un cachete, un azote o una bofetada a su criatura. Esta normalización de la violencia es nefasta y perpetúa uno de los grandes problemas que tenemos en nuestra sociedad. Es cierto que el cine y las series de televisión muestran una violencia descomunal, y es importante revisar esto también. Sin embargo, cuando una niña o un niño entiende que la ficción no es real, puede entender que la violencia que aparece en ella no lo es; pero si la dinámica violenta la ve en casa, es muy difícil convencerle de que no es una forma de relacionarse. Si la violencia está bloqueada desde el inicio de la vida, es más difícil que se utilice para oprimir a una mujer que está a su lado y a otros hombres.

No deberíamos consentir la violencia nunca. Como educadores, familiares y personas cercanas a los niños deberíamos estar siempre pendientes de neutralizar estas conductas, de no ejercerlas nosotros mismos y de condenarlas públicamente. La sociedad actual no funciona a base de violencia, no es necesaria la agresividad para nada en absoluto. Antes los hombres luchaban físicamente por comida, mujeres o posición social. Hoy en día, la evolución y la civilización nos han permitido utilizar el lenguaje como medio mucho más eficaz, por lo que nuestros niños no tienen que aprender a pelearse. Como mucho, a defenderse.

Riesgos. Otra de las características de los hombres es la de asumir riesgos, generalmente asociados a riesgos físicos. Constantemente se retan unos a otros para afirmar su masculinidad encarando peligros. Los niños se suben a los árboles, a las rocas, trepan por las paredes y en ocasiones ponen en peligro su vida. Los más mayores hacen carreras de motos o deportes extremos. ¿Por qué son los hombres los que encabezan las estadísticas de los accidentes de cualquier tipo? A medida que crecen, las drogas, el sexo sin protección, la conducción temeraria y muchas prácticas arriesgadas se convertirán en parte de su masculinidad.

El riesgo que pone en peligro la integridad física de las personas es completamente tóxico y vacío. La valentía no reside en exponerse a un peligro, significa asumir riesgos personales o profesionales que mejoren la vida de uno. Es mucho más valiente un niño que se enfrenta a otros porque están haciendo *bullying* a un tercero que uno que decide saltar desde el balcón.

Suprimir las debilidades. Mostrar debilidad es una señal de poca hombría. La debilidad es la carencia de fortaleza. Llorar, quejarse o acobardarse pueden ser señales de debilidad que no están bien vistas en la masculinidad. Debido a los estereotipos sociales, durante una depresión muchos hombres muestran irritabilidad o agresividad. Su forma de socializarse hace que sean menos propensos a buscar ayuda y, como socialmente está mal visto, eluden las conversaciones sobre sus sentimientos y emociones. De adultos, encabezan las estadísticas de suicidios.

Para reconducir esta situación deben saber lo importante que es pedir ayuda, que todas las personas tenemos momentos de fortaleza y de debilidad y que eso es positivo, porque, si algo nos pone tristes, es bueno llorar, quejarse y, ante todo, buscar soluciones.

Dependencia. El vínculo es esencial, los niños tienen que sentirse queridos y protegidos, pero la sobreprotección que se ejerce hacia determinados niños (y niñas, por supuesto) los convierte en personas que necesitan siempre la aprobación de alguien y dependen de otras personas para funcionar, de modo que se olvida que los niños tienen que ser autónomos. He visto madres y padres supeditados al mandato de sus hijos, controlados por ellos, que hacen y deshacen según su hijo propone y dispone, absorbidos por ellos, sometidos a su voluntad. Si desde que son pequeños nadie les enseña a valerse por sí mismos y a ser independientes en su vida adulta, necesitarán siempre a alguien a su lado. Muchos hombres adultos sienten dependencia de la mujer con la que comparten la vida: dependencia porque es ella quien mantiene las amistades, quien se ocupa de llevar la casa o quien sabe lo que hay que hacer con las criaturas. Dependencia porque tienen a alguien a quien someter de la misma manera.

Hay que favorecer que los niños sean autónomos, independientes, soberanos de sus propias vidas y que no necesiten a una mujer (sea su madre, sea otra niña u otra mujer) para hacer nada en su vida.

Superioridad. La superioridad es creerse mejor que las demás personas y es un rasgo bastante masculino que puede provenir del miedo. De pequeños pueden ser niños potenciadores de acoso, pueden agredir verbalmente a sus hermanas o hermanos, a sus amistades, pueden burlarse de quien es diferente. ¿Por qué hay tantos hombres que desacreditan a los homosexuales o denigran a las mujeres? Una forma de reafirmar su masculinidad es denigrando a otras personas; el miedo a ser considerado un ser inferior puede llevar a este tipo de conductas. Esto es muy común, sobre todo en rituales de grupo, donde los hombres tienen que demostrar que suscriben la masculinidad para pertenecer a ese grupo. Recordad que un hombre es hombre porque sus iguales lo reconocen como tal. Así se llega a justificar que comenten un vídeo o una foto de una chica desnuda o humillada, normalizan reírse de cualquier minoría o ven jolgorio en situaciones que para otras personas pueden ser tensas. En nuestro sistema, los hombres son superiores y lo saben, por lo que este rasgo se da en casi todos los casos. Las personas que se dedican al psicoanálisis consideran que los aires de superioridad son rasgos de personas inseguras; efectivamente, muchos hombres tienen constantemente inseguridad sobre su masculinidad y por eso tienen un ego descomunal y una valoración excesiva de sí mismos.

Esas madres que en la fila de un baño quieren colar a su hijo porque tiene «más necesidad que el resto», esos padres que permiten que los niños hagan pis en cualquier sitio, quienes permiten que en un juego no cumplan las normas, hacen la vista gorda cuando se cuelan en la fila, dejan que monopolicen la pelota… están permitiendo que esos niños se consideren unos privilegios por encima del resto.

Narcisismo. El narcisismo es un trastorno de la personalidad en personas adultas. La psicóloga Mónica Manrique dice que las personas narcisistas se caracterizan porque tienen sentimientos de grandeza y son prepotentes, tienen fantasías de éxito, poder o belleza y se creen especiales y únicos, por lo que se relacionan con personas del mismo nivel, tienen una necesidad excesiva de admiración, buscan ser tratados de forma excepcional, carecen de empatía y son envidiosos y arrogantes.

Los narcisistas son personas dominantes y manipuladoras, sin embargo, de cara al exterior pueden parecer personas con un encanto y unas habilidades sociales asombrosas. Una investigación que se realizó con hombres maltratadores dio como resultado que la mayoría tenían un perfil narcisista. Porque el narcisismo no es algo individual, sino que se materializa y se consolida frente a alguien hacia quien ejercer ese narcisismo.

Julio Rodríguez[18] explica varias pautas para educar a los niños y prevenir el narcisismo:

1. Mostrad cariño y afecto de manera incondicional.
2. No sobrevaloréis las capacidades de vuestros hijos ni los veáis como si fuesen superiores a los demás o el delirio de grandeza germinará en ellos.
3. El elogio es correcto y necesario, pero debe ser coherente y proporcionado, mostrar cómo nos hace sentir, ser específico respecto a la acción e inmediato a esta y describir lo que se ha logrado.
4. Enseñadles a mostrar empatía, compasión y respeto por los demás, así como cooperad con ellos.
5. Todos somos iguales, no existen privilegios. Todos merecemos el mismo respeto y todos tenemos los mismos derechos.
6. Deben aprender a tolerar la frustración, a no rendirse a pesar de las dificultades.
7. Haced que entiendan que equivocarse es una oportunidad para aprender.

18. Julio Rodríguez, *Prevenir el narcisismo*, Barcelona: Plataforma, 2018.

8. Animadlos a hacer cosas en las que «no son los mejores».

9. Lo perfecto es enemigo de lo bueno. La perfección no existe y obsesionarse con ella impide disfrutar del proceso.

10. No les permitáis hacer trampas, ni siquiera jugando a la oca: hacer trampas es aprovecharse de los demás, y eso no está bien y es injusto. No siempre hay que ganar y, desde luego, no a toda costa. A veces perder es mejor porque permite aprender.

11. Ayudadlos a comprender que todos tenemos virtudes y defectos.

12. Vuestros hijos tienen que aprender a aceptarse completamente, con sus aptitudes y sus limitaciones; si no, tendrán una imagen distorsionada de sí mismos.

13. Fomentad su independencia en la resolución de problemas. No les saquéis siempre las castañas del fuego.

14. Enseñadles que sus actos y comportamientos tienen consecuencias. Que se debe aceptar la responsabilidad y no buscar excusas. Si rompen algo en una rabieta, tienen que recogerlo y arreglarlo.

15. Racionad la atención que les prestéis. No siempre pueden ser el centro de atención ni salirse con la suya.

16. No toleréis que vuestros hijos se comporten de un modo abusivo, despreciativo, humillante, manipulativo o explotador con otros.

17. No se puede mentir. Hacedles ver que es mejor decir la verdad, aunque sea mala, que mentir.

18. Animadlos e incentivadlos para que identifiquen, nombren y compartan sus sentimientos y emociones.

19. Inculcadles que hacer algo bien o tener un talento especial no implica ser superior a los demás ni tampoco merecer un trato diferente.

20. En cuanto veáis una conducta narcisista en alguien de vuestro entorno, en el cine o en la televisión, no dudéis en señalárselo como ejemplo de mal comportamiento.

Disponibilidad sexual. Muchas veces, cuando hay un niño desnudo, alguien tiene la increíble ocurrencia de comentar el pene de ese niño. A veces para alabarlo y otras para lo contrario. Desde que son pequeños los niños ven la importancia que tiene su órgano, para bien y para mal. Para ellos es un privilegio, pero también una responsabilidad.

El hombre tiene que estar siempre disponible sexualmente y sus hazañas sexuales van a determinar hasta qué punto es un hombre. Cuantas más conquistas consigan, más admirados serán por sus pares o por otras mujeres. El pene se convierte en el símbolo del hombre: ser un hombre es tener pene, porque es el centro de todo. Esto hace que los adolescentes pinten penes por la calle, hablen sobre el tamaño y los comparen y se refieran a su pene como un dios supremo. El pene es lo que hace que los hombres sean médicos y las mujeres, enfermeras, los que tienen pene son pilotos y las que no lo tienen son azafatas. Los puteros tienen pene y las prostitutas, no. Los mayores consumidores de pornografía también tienen pene, pero las mujeres que aparecen penetradas por todos sus agujeros, no. También los violadores tienen pene y la mayoría de las personas violadas, no, porque son mujeres.

Los que tienen pene tienen los privilegios y lo saben, por eso este órgano se convierte en el centro de todo. Y en la sexualidad cumple el papel fundamental: es el protagonista, el que penetra, el que es más visible. Es la erótica de la virilidad.

Debemos dejar de dotar al pene de toda la simbología para que los hombres asuman también que pueden ser hombres sin estar sexualmente disponibles las veinticuatro horas del día. También deben aprender que las mujeres no estamos en el mundo para complacerlos sexualmente en la pornografía o la prostitución, incluso aunque seamos sus parejas.

Por otro lado, en muchas relaciones sexuales ellos tienen el papel activo siempre, y es una carga que deben asumir. Por este motivo, y por el hecho de que la forma de ser un hombre no se define por sus actos sexuales, debemos desterrar la hipersexualidad de los hombres y así eliminar su rol sexual estereotipado.

APUNTES

Luis tiene ocho años y muchas tardes en casa juega a pintarse las uñas con el pintaúñas de su madre. Una mañana llegó al colegio con las uñas pintadas de colores y otros niños empezaron a burlarse de él. Nada más llegar a casa se las despintó.

¿Qué ha pasado? ¿Por qué crees que hay otros niños que han ridiculizado a Luis?

¿Crees que tiene solución? ¿Cuál?

Hombres contra sí mismos

En el sistema patriarcal en el que vivimos, las mujeres somos víctimas de la opresión que los hombres ejercen, pero no podemos olvidar cómo actúan los hombres contra ellos mismos. Nosotras somos las que hemos dado la voz de alarma, pero los hombres son las principales víctimas de ellos mismos.

En la distribución de la población reclusa por género en España, la cifra de hombres en la cárcel representa el 92,61 %.[19] El 62 % de los homicidios son de hombres a manos de otros hombres y un 28 % son de mujeres asesinadas por hombres.[20] Como veis, los hombres son responsables del 89 % de los delitos homicidas y representan el 61 % de las víctimas. En 2017,[21] el 91 % de las personas condenadas por abandono de familia fueron hombres, el 80 % de las personas que quebrantaron los deberes de custodia fueron hombres, el 85 % de las personas condenadas por amenazas fueron hombres y el 94 % de las personas condenadas por trato degradante y violencia fueron hombres. Según el Registro Central de Delincuentes Sexuales,[22] que registra

19. Datos de 2018 de la Secretaría General de Instituciones Penitenciarias (Ministerio del Interior), disponibles en: <www.institucionpenitenciaria.es>.

20. Manuel Ansede, «Así se mata en España», *El País*, 2018. Disponible en: <https://elpais.com/elpais/2018/12/14/ciencia/1544815798_258575.html>.

21. Datos del INE, disponibles en: <http://www.ine.es/jaxiT3/Datos.htm?t=25998>.

22. Disponible en: <https://www.mjusticia.gob.es/cs/Satellite/Portal/es/registro-central-delincuentes>.

este tipo de delitos desde 2016, 45.155 personas tienen antecedentes por este tipo de delitos y, de estas, un 96,4 % son hombres.

Los hombres tienen el doble de riesgo de sufrir lesiones medulares[23] que las mujeres, tienen tres veces más posibilidades de suicidarse[24] que las mujeres y tienen cuatro veces más posibilidades de convertirse en personas sin hogar[25] que las mujeres. Según la DGT,[26] también son más arriesgados al volante, sufren más accidentes y estos son más graves que los ocasionados por mujeres. Su tasa de muerte en accidente de tráfico es tres veces superior y tienen más posibilidades de consumir drogas.[27] En 2019, el 86 % de los ahogados durante el verano fueron hombres,[28] en playas o espacios acuáticos no vigilados. Y los hombres son también los principales res-

23. OMS, «Al menos 500.000 personas sufren lesiones medulares cada año», 2013. Disponible en: <https://www.who.int/mediacentre/news/releases/2013/spinal-cord-injury-20131202/es/>.

24. Leire Ventas, «¿Por qué los hombres se suicidan más que las mujeres?», *BBC*, 2016. Disponible en: <https://www.bbc.com/mundo/noticias/2016/04/160330_salud_suicidio_tasa_mas_alta_hombres_lv>.

25. Datos del INE, disponibles en: <http://www.ine.es/jaxi/Datos.htm?path=/t25/p454/e02/a2012/&file=01002.px>.

26. Anabel Gutiérrez, «Hombres, mujeres y diferencias», *Revista Tráfico y Seguridad Vial*, 2017. Disponible en: <http://revista.dgt.es/es/reportajes/2017/09SEPTIEMBRE/0905hombres-mujeres-y-diferencias.shtml#.XLRqr-hLi70>.

27. Fundación Atenea, *Hombres, mujeres y drogodependencias*, 2016.

28. «Las muertes por ahogamiento en espacios acuáticos en España crecen un 20 % en lo que va de 2019», *ABC*, 2019. Disponible en: <https://www.abc.es/sociedad/abci-muertes-ahogamiento-espacios-acuaticos-espana-crecen-20-por-ciento-2019-201908191756_noticia.html>.

ponsables de las emisiones de gases de efecto invernadero,[29] pues son los causantes del 70 % de estas emisiones.

Las cifras son abrumadoras, pero ¿por qué los hombres? Ya sabemos que en su ADN no está el cometer más delitos, ser más imprudentes o no saber pedir ayuda. Ni sus hormonas ni su cerebro ni su «naturaleza» nos pueden impedir educar a un niño y amortiguar estas conductas para mejorar su salud física y mental, su futuro y el futuro de todas las personas.

APUNTES

Realiza una pregunta abierta: pregúntale a qué juega un niño y por qué. Luego abre las opciones y plantéale estas preguntas:

1. ¿Puede un niño jugar a maquillarse?

2. ¿Puede jugar a las casitas?

3. ¿Puede disfrazarse de princesa?

4. ¿Puede practicar danza?

Si ha contestado que no a algo, pregúntale por qué, si cree que puede ser divertido cualquiera de esos juegos y por qué no puede hacerlo un niño.

---

29. Pablo Rivas, «Los 99 hombres (y una mujer) responsables de más del 70 % de las emisiones», *El Salto Diario*, 2019. Disponible en: <https://www.elsaltodiario.com/cambio-climatico/los-99-hombres-y-una-unica-mujer-responsables-de-mas-del-70-de-las-emisiones-?fbclid=IwAR0EBBiTRvyXLkkMUgDKtyhKij2ouJAAO877bAZOTHlOARjUX_uGMIbDTPA>.

APUNTES

A. Organiza estas preguntas en fichas, en una hoja o hazlo oral-
mente y toma notas, según la edad del niño o adolescente.
Vamos a preguntarle a él qué es ser un chico o un hombre.
No intervengas en ninguna respuesta ni intentes guiarle.
Permítele que se exprese con libertad.

1. ¿Qué es ser un niño o un hombre?

2. ¿Qué es ser un buen niño o un buen hombre?

3. ¿Qué dicen los hombres?

4. ¿Qué hacen los hombres?

5. ¿Cómo tiene que comportarse un hombre?

6. ¿Cómo habla un hombre?

7. ¿Quién es el hombre que más admiras y por qué?

8. ¿Qué cualidades debe tener el chico o el hombre perfecto?

9. Cuando la gente dice: «Sé un hombre», ¿a qué se refieren?

10. Si les taparas el cuerpo entero, incluida la cara, ¿cómo
descubrirías que la persona que tienes delante es un
hombre o una mujer?

La idea es analizar cuáles son los rasgos que él cree que definen el rol sexual masculino.

Una vez que haya terminado el ejercicio, analízalo con él,
adaptado según la edad.

La masculinidad que nos venden los medios y la cultura popular nos muestra a hombres sudorosos, musculados, con
barba de tres días que luchan contra algo: los jugadores de
fútbol, los protagonistas de las películas de acción, los super-

héroes..., o bien a adolescentes que no crecen nunca y viven al límite sin asumir ningún tipo de responsabilidad. Ninguno expresa emociones, como mucho, el adolescente perpetuo puede ser gracioso, mientras que el matón es callado. Estas características definen la masculinidad, y es el momento de empezar a cuestionarlas.

Identificad conjuntamente los rasgos de la masculinidad que se desprendan de sus respuestas y apuntadlos en una hoja. Genera un debate para que sea él mismo quien se las cuestione y busque alternativas.

B. Si tiene edad suficiente, ponle el vídeo de Gillette de masculinidad tóxica. Analiza con él si ha visto en su entorno estas conductas, que realice un ejercicio de análisis y piense si son negativas y, en el caso de que las vea así, cómo cree que pueden eliminarse.

   <https://www.youtube.com/watch?v=YZ0ALDq2Gp8>.

C. Haced una lista de las características típicas de la masculinidad (roles sexuales masculinos) y de la feminidad (roles sexuales femeninos). Después, analizadla y juntad lo mejor de ambas listas para crear una persona que tenga lo mejor de los dos sexos. Cuestionaos si ese es el modelo de persona que se debería aspirar a ser.

3.
Así se construyen los privilegios

–Señora maestra, ¿cómo se forma el femenino?
–Partiendo del masculino, la *o* final se sustituye por una *a*.
–Señora maestra, ¿y el masculino cómo se forma?
–El masculino no se forma, existe.

VICTORIA SAU

Una madre me contó que una tarde su hija pequeña, que tenía siete años, y su amiga de la misma edad estaban jugando en la calle y llegaron asustadas donde estaban sus familias. Entre llantos, les contaron que habían empezado a jugar con unos niños de la clase de su hermana mayor, que tiene once años, y que estos niños habían empezado a «bromear» diciéndoles que conocían a su hermana, se metían con ella y se reían entre ellos. Las pequeñas se empezaron a poner nerviosas y seguro que les contestaron con algún insulto. Entonces ellos se crecieron y, como un juego y en broma, no las dejaban salir de donde estaban mientras se reían. Esta es la historia. En realidad, no les hicieron «nada». Tan «solo» **las intimidaron**. Ellas se sintieron inseguras, tuvieron miedo y salieron corriendo y llorando. Ellas eran niñas pequeñas y ellos, niños más mayores conscientes de su poder. Estoy segura de que esos niños, a los que conozco, no les habrían hecho nada. Pero eso ellas no lo saben. Y lo peor de todo es que ellos no se sintieron responsables, a pesar de todas las evidencias, ni asumieron que estaban en una posición muy superior y que estaban llevando a cabo algo que se conoce como abuso de poder.

El Consejo de Europa ha definido por primera vez el sexismo en 2019. Lo relaciona con la violencia hacia las niñas y mujeres (2019, insisto) y propone erradicarlo[30] a través de la ruptura de roles sexuales, eliminando la supremacía del modelo masculino en el lenguaje y la comunicación para sensibilizar a la opinión pública y prevenir así los comportamientos sexistas. Con esto, Europa deja claro que la forma de ser de un hombre no viene dada por su naturaleza, sino por la forma en la que es socializado. Simone de Beauvoir decía[31] que las mujeres no nacemos mujeres, llegamos a serlo, pero implícitamente a esta verdad estaba sobrentendida su opuesta: los hombres tampoco nacen hombres, llegan a serlo. Mujeres y hombres nacen con un sexo y la sociedad se encarga de construir su género. La mayoría de los varones no nacen agresivos ni dominantes; como hemos visto, son socialmente construidos como tales. Por otro lado, nos han

---

30. EFE, «El Consejo de Europa define por primera vez sexismo y pide erradicarlo», *Efeminista*, 2019. Disponible en: <https://www.efeminista.com/sexismo-consejo-europa/?fbclid=IwAR0g565AJyXFtzTP1arrAvyQcaswqJsZb lcqYoW9UeES9Yd5cBkgG1y2kfA>.

31. Simone de Beauvoir, *El segundo sexo*, Madrid: Cátedra, 2019.

socializado con la idea de que la visión androcéntrica es la neutra y hemos normalizado esa percepción hasta el punto de asumirla como normal y ni siquiera somos capaces de cuestionarlo ni de verlo.

Los privilegios son las ventajas que tienen unas personas mientras generan desventajas a otras. Para identificar lo que es un privilegio de lo que no lo es, debemos observar que, por culpa de ese privilegio, otras personas sufren opresión o vulnerabilidades de forma directa o indirecta.

Lo primero que hay que entender antes de profundizar en la educación es cómo funciona el sistema patriarcal para poder detectar las injusticias y empezar a combatirlas. Una vez que asumimos que los privilegios de los hombres no vienen determinados por su condición biológica, debemos ser conscientes de que, para comenzar a luchar por una educación igualitaria, hay que identificar cuáles son los privilegios con los que socializamos a los varones desde que nacen y cómo los adquieren.

Si la mitad de la población vivimos en un sistema injusto, es porque la otra mitad tiene un beneficio del que goza solo por haber nacido hombre. Hoy en día, el hecho de ser mujer es una vulnerabilidad con respecto a ser hombre. Y la gran pregunta que se formulan algunos negacionistas del sistema patriarcal es: pero ¿dónde están los privilegios de los varones?, ¿dónde?

Como explica Andrea Dworkin,[32] en una cultura de supremacía masculina, la condición de macho es considerada

---

32. Andrea Dworkin, *Our blood*, Nueva York: Perigee Books, 1981.

la condición humana, así que, cuando cualquier hombre habla, por ejemplo, como artista, historiador o filósofo, se estima que él habla objetivamente, es decir, como alguien que, por definición, no tiene un interés particular, no está especialmente involucrado, lo que sesgaría su visión; él es, de algún modo, la viva imagen de la norma. Las mujeres, al otro lado, simplemente no son hombres. Así de sencillo. Adrienne Rich lo corrobora con una frase lapidaria: «El patriarcado llama "objetividad" a la subjetividad masculina».

Por esto, nada más nacer, me di cuenta de que el mundo, más allá de todas las divisiones posibles, estaba dividido en dos: hombres y mujeres. Y, esta vez sí, los hombres van primero en la mención porque van primeros en el mundo.

Un día en la vida de Pedro

Pedro se despierta por la mañana y es su madre quien le prepara el desayuno, quien le elige la ropa para vestirse y quien lo ayuda a asearse. Su padre, cuando está en casa, se ocupará de él mismo para irse a trabajar. Es posible que ese día sea su padre quien lo lleve al colegio, pero, una vez que lo deje en el centro educativo, seguirá rumbo al entorno laboral. En cuanto Pedro llega a clase, se juntará con sus amigos chicos, con los que ha hecho pandilla, con los que juega al fútbol cada día y los partidos de los sábados, con los que corre por el patio. Las niñas son esos seres que orbitan a su alrededor pero que no forman parte de su vida. De hecho, son el modelo que evitar, porque, cada vez que un niño corre mal, le dicen que corre «como una niña», y, cuando otro niño hace algo que tiene que ver con los sentimientos, las emociones, con no ser bueno en el deporte o en las relaciones sociales, se les compara con *nenazas*. Su profesora entra en el aula y comienza la clase. Estudia a Van Gogh en arte. Aprende quiénes fueron los reyes españoles, los escritores y pensadores durante la Ilustración y quién es Einstein en ciencias. Durante el recreo ocupa todo el patio jugando al fútbol mientras unas niñas los molestan. Luego juegan al pilla pilla y unas niñas quieren jugar con ellos, pero para Pedro no es divertido jugar con ellas, porque cada vez que lo pilla una niña se siente fatal. La profesora sale al patio y pide que todos los niños vuelvan a clase, una expresión con la que está seguro de que se refieren a él. En clase de inglés surge un pequeño debate sobre *Star Wars* en el que intervienen él y sus amigos. Alguna niña ha hecho algún comentario. Su madre lo recoge del cole y le da la merienda. Pedro le pide ir al parque donde están sus amigos y pasa la tarde jugando con coches de juguete o explorando. Cuando tiene ganas de hacer pis, lo hace en el árbol del parque: él puede hacerlo, pero las niñas no, y eso le hace sentirse especial. Cuando llegan a casa, es su padre el que lo ayuda con los deberes de matemáticas. Su madre, mientras, prepara la cena. Es ella quien pone la mesa y sirve la comida. Cenan los tres juntos. Su padre recoge la mesa mientras su madre está con él para lavarse los dientes y asearse. Ve las noticias con ellos, donde los que aparecen, generalmente, son hombres: bien políticos, bien deportistas, bien protagonistas de la noticia. Si tiene suerte, podrá ver el capítulo de una serie en la que el personaje principal también es masculino. Una noche le cuenta el cuento su madre y la noche siguiente, su padre. En el cuento, la mayoría de las veces el personaje principal es masculino, sea un animal o una persona. Se duerme soñando con superhéroes y sabiendo que juega en la primera liga del mundo.

Pierre Bourdieu[33] habla de la socialización de lo biológico y de la biologización de lo social, que se conjugan para invertir la relación entre las causas y los efectos y hacer aparecer una construcción social naturalizada (los géneros) como el fundamento natural de la división. Ya sabemos que la biología no determina nuestro rol en la sociedad y que este se construye para crear una jerarquía de castas.

Las mujeres sistemáticamente cocinan, cuidan y realizan las tareas del hogar y, cuando es un hombre el que cocina, cuida o realiza las tareas del hogar, es un semidiós. En el caso contrario, las mujeres que llegan a puestos de poder y responsabilidad en el trabajo son consideradas por la sociedad como mujeres ambiciosas desapegadas de su papel de madre y esposa. Mientras que a los hombres ni se les cuestiona su paternidad en esos puestos.

Vivimos en una sociedad donde cada mañana nos despertamos con la noticia de un asesinato machista, de un maltratador, un violador, un hombre que ha ejercido violencia

---

33. Pierre Bourdieu, *La dominación masculina*, Barcelona: Anagrama, 2006.

física, sexual o psicológica hacia alguna mujer o hacia algún hombre. Y, sin embargo, las agresivas, extremistas e incluso terroristas son las mujeres feministas que se levantan a protestar y señalar al agresor. Para mí, este es el gran ejemplo de cómo funciona el patriarcado y los privilegios de los hombres.

El sistema patriarcal

Dice Gerda Lerner[34] que la apropiación por parte de los hombres de la capacidad sexual y reproductiva de las mujeres ocurrió antes de que se formara la propiedad privada y la sociedad de clases. Los estados arcaicos se organizaron como un patriarcado y el Estado tuvo especial interés por mantener la familia patriarcal: los hombres aprendieron a instaurar la dominación y la jerarquía gracias a la práctica que ya tenían de dominar a las mujeres en su propio grupo y se institucionalizó la subordinación sexual de las mujeres. Según un estudio[35] realizado por la antropóloga Marta Cintas-Peña y por Leonardo García y publicado en la revista científica

---

34. Gerda Lerner, *La creación del patriarcado*, Pamplona: Katakrak, 2017.
35. Marta Cintas-Peña y Leonardo García Sanjuán, «Gender Inequalities in Neolithic Iberia: A Multi-Proxy Approach», *European Journal of Archaeology*, 2019, vol. 22, n.º 4, pp. 499-522. Disponible en: <https://www.cambridge.org/core/journals/european-journal-of-archaeology/article/gender-inequalities-in-neolithic-iberia-a-multiproxy-approach/7CA3A7DB7D56AFF67784371206E1D86C>.

European Journal of Archaeology, fue en el Neolítico cuando comenzaron las desigualdades sexuales y se establecieron las bases para la dominación masculina en periodos posteriores.

Hoy en día mantenemos el mismo sistema: los hombres ocupan el espacio público y los puestos de poder y control, mientras que las mujeres ocupamos los espacios privados y de sumisión. Las mujeres no decidimos sobre nada, ni siquiera sobre nuestros propios cuerpos, mientras que los hombres sienten que están legitimados para decidir sobre todas las cosas, incluidas nosotras. Esto se establece, tal como explica Lerner, a través del dominio masculino en la familia, que después se extenderá al resto de las mujeres en la sociedad. Como dice Rodríguez Magda,[36] los varones pactan el poder ligado a su sexo, adquieren privilegios y se ven impelidos a medirse por un arquetipo viril de rivalidad agresiva para ellos mismos y de exclusión y violencia hacia las mujeres y lo femenino. Vamos, que cuando un grupo de tíos comparte desnudos femeninos por WhatsApp es una forma de concelebrar el pacto viril y el que no ríe un chiste misógino queda marcado por una ambigüedad sospechosa. Porque la virilidad debe ser constantemente probada.

36. Rosa María Rodríguez Magda, *La mujer molesta*, Madrid: Ménades, 2019.

La familia

Tal como explica Lerner, la familia convencional es el germen del patriarcado y está basada en la premisa de la heterosexualidad obligatoria, base de la opresión que sufren las mujeres.

En la familia se ve claramente cómo las castas sexuales se reparten los trabajos: ellas asumen el trabajo reproductivo y doméstico, el amor romántico, la maternidad y la servidumbre sexual y emocional hacia los varones, mientras que ellos se erigen como los reyes de la casa que ocupan el espacio público y proveen. En este reparto de tareas según el rol sexual de cada uno, ellos pueden ser económicamente independientes y se libran del peso del hogar. Ellas dependen de los varones y son las responsables de la casa y la descendencia. Aunque poco a poco se configuran familias que se alejan de los roles tradicionales, bien porque la mujer y el hombre se reparten los trabajos de forma equitativa e igualitaria, bien porque esas familias están compuestas por parejas de hombres, parejas de mujeres, mujeres solas, hombres solos, tíos, tías, abuelos, abuelas o tutores…, todavía la mayoría de los hogares se organizan según ha previsto el patriarcado. Y esta forma de organización determina la dominación masculina en la sociedad. Por este motivo, desde el feminismo se pretende replantear la familia convencional, porque perpetuar los roles sexuales dentro del hogar es el origen del resto de las desigualdades. Y las criaturas aprenden desde el ejemplo los roles que deben perpetuar.

El lenguaje

El lenguaje es la forma que tenemos los seres humanos de comunicar emociones, pensamientos o sentimientos a través de la palabra, de forma oral o escrita. Refleja, construye e interpreta el mundo en el que vivimos. Es el espacio simbólico de nuestras relaciones y no está exento de misoginia: todo el lenguaje está estructurado de forma que el masculino, deliberadamente, se apropia de todo el campo semántico. El masculino se asocia a lo general, todo se expresa en masculino, y esto nos transmite a las personas las categorías de cada una de nosotras. De esta forma los hombres están incluidos en absolutamente todo, mientras que las mujeres estamos completamente invisibilizadas.

Se usan generalizaciones en las que las mujeres no existen, como *los hombres, los ciudadanos, los alumnos*. O enumeraciones donde el masculino va primero: *niños y niñas, profesores y profesoras, padres y madres*.

El lenguaje nos envía mensajes no solo a través de la gramática, sino también a través de la semántica.

Por ejemplo, cuando un hombre está de mal humor, sus motivos tendrá. Las mujeres, si estamos de mal humor, o tenemos la regla o estamos *malfolladas* (un insulto para nosotras, pero donde el sujeto *malfollante* es el hombre). Cuando una mujer habla fuerte o grita, es una histérica, cuando es un hombre el que grita o habla fuerte, es autoritario. Las mujeres que no se casan son unas *solteronas* (una forma despectiva de calificar a las mujeres), mientras que los hombres que no se casan son *solteros de oro* (una manera de ensalzarlos). Las mujeres que tienen muchas relaciones sexuales con personas diferentes se las llama *zorras* o *frescas*. Los hombres que tienen relaciones sexuales con diferentes mujeres son unos *héroes* y *donjuanes*. Algo aburrido es un *coñazo,* pero, cuando es estupendo, es *cojonudo.* Por este motivo, cuando una mujer dice algo a favor de la igualdad es una *feminazi*; sin embargo, cuando es un varón el que dice algo a favor de la igualdad, es un hombre tierno, empático y solidario.

A través del lenguaje y sus usos, los niños aprenden que ellos son los nombrados, los visibilizados y los importantes y, por extensión, entienden que las niñas son las que no se nombran (y, por lo tanto, no existen), no se visibilizan y no son importantes.

Cultura y medios de comunicación

En los medios de comunicación y en la cultura que nos rodea, la mayoría de los líderes de opinión son hombres, y los contenidos que se crean por y para ellos tienen mirada masculina. Las noticias tienen un sesgo machista y es normal leer titulares que dicen «Una mujer apareció muerta», cuando el verdadero titular debería ser «Un hombre asesina a una mujer», o «Mantuvo relaciones sexuales con una niña de seis años», cuando el titular debería ser «Violó a una niña de seis años». Hubo una noticia que decía «Detenido el enfermero que dejó embarazada a una mujer que llevaba veinte años en coma», cuando el titular tendría que haber sido «Detenido el enfermero que violó a una mujer en coma y la dejó embarazada». Cuando las mujeres dependen de algún varón son «la mujer de» o «la hija de». El sujeto sobre quien se proyecta la noticia nos confirma quién manda en el mundo. A menos que la protagonista de la noticia sea *sexy*, pues entonces se proyecta la noticia para el hombre. El lenguaje, que es sexista, nos insiste en la misma idea: lo masculino determina lo genérico y las mujeres estamos o no incluidas en lo genérico.

Acercaos al cine y analizad las historias que se cuentan y el punto de vista: hombres cuentan historias protagonizadas por hombres. Si analizamos quién recibe los premios, por ejemplo, podemos comprobar que en los premios Goya han ganado el Goya a la mejor dirección veintinueve hombres y cuatro mujeres. En los premios Óscar, durante toda su historia, solo ha ganado la estatuilla a la mejor dirección una mujer, Kathryn Bigelow, con una película de guerra que hablaba de hombres.

En la literatura ocurre lo mismo: el premio Nacional de Narrativa lo han recibido sesenta y siete escritores frente a siete escritoras, el premio Planeta lo han obtenido cincuenta y dos escritores frente a catorce escritoras y el premio Herralde se ha concedido a treinta y dos escritores frente a cinco escritoras. De los 55.501 títulos que se publicaron en 2018, solo el 32 % fueron de autoría femenina.[37]

---

37. Peio H. Riaño, «Los hombres publican el doble de libros que las mujeres», *El País*, 2019. Disponible en: <https://elpais.com/cultura/2019/06/06/actualidad/1559805239_962042.html>.

En el arte, en la feria de Arco de 2019, hubo ochenta y dos mujeres artistas[38] frente a doscientos ochenta hombres. Además, como dice Yolanda Domínguez,[39] una obra de arte de una mujer artista se vende por mucho menos que la obra de un hombre artista. Las activistas feministas Guerrilla Girls resumieron en una gran frase a la mujer en el arte: «¿Tienen que estar desnudas las mujeres para entrar en el Museo Metropolitano de Nueva York? Menos del 5 % de los artistas que exponen en museos de arte moderno son mujeres, sin embargo, el 85 % de los desnudos son de mujeres».

Si nos vamos a la música, la desigualdad es igual de alarmante: si revisamos el cartel de cualquier festival de música de 2018, se aprecia que apenas hay grupos de mujeres.[40] Por poner ejemplos conocidos, el Primavera Sound tuvo 296 grupos masculinos frente a 77 femeninos. En el Mad Cool tocaron 248 grupos masculinos frente a 38 femeninos. El Viña Rock se lleva la palma: 488 grupos masculinos frente a 17 grupos femeninos.

En 2019 fue sonada la ausencia de mujeres en los nombramientos para dirigir espacios culturales de las artes escé-

38. Peio H. Riaño, «Cae la presencia de mujeres en las galerías de Arco», *El País*, 2019. Disponible n: <https://elpais.com/cultura/2019/03/01/actualidad/1551467935_167270.html>.

39. «"Una obra de una artista se vende por muchísimo menos que la de un hombre"», Yolanda Domínguez», *Revista Gràffica*, 2019. Disponible en: <https://graffica.info/revista-graffica-13-yolanda-dominguez/>.

40. Ale Castellano, «La presencia de las mujeres en los festivales en 2018», *Mujeres y Música*. Disponible en: <http://mujeresymusica.com/la-presencia-de-las-mujeres-en-los-festivales-en-2018/>.

nicas dependientes del Ministerio de Cultura y nombradas por el Instituto Nacional de las Artes Escénicas y de la Música (INAEM):[41] la Compañía Nacional de Teatro Clásico (CNTC), la Orquesta y Coro Nacionales de España (OCNE), la Compañía Nacional de Danza (CND), el Ballet Nacional de España (BNE) y el Centro Dramático Nacional (CDN).

La infrarrepresentación de las mujeres en estas áreas supone perpetuar la invisibilización de la perspectiva y opinión femenina.

Deportes

Uno de cada ocho hombres cree que podría ganar al tenis a Serena Williams.[42] Con esta afirmación, fruto de una encuesta realizada en Estados Unidos, podría dar por zanjado el espacio de los deportes para describir los privilegios de los hombres. ¿Qué lleva a un aficionado del tenis a pensar que podría ganar en la pista a una mujer que ha ganado veintitrés títulos individuales de torneos Grand Slam (por encima del récord masculino, de veinte, que ostenta Federer), cuatro

---

41. Raquel Vidales, «Cultura culmina sus nombramientos en artes escénicas sin mujeres», *El País*, 2019. Disponible en: <https://elpais.com/cultura/2019/04/05/actualidad/1554483515_167234.html>.

42. María López Villodres, «Uno de cada ocho hombres cree que podría ganar al tenis a Serena Williams», *El País*, 2019. Disponible en: <https://smoda.elpais.com/moda/actualidad/hombres-ganar-tenis-serena-williams/?ssm=TW_CM_SM>.

oros olímpicos y el primer puesto como mejor jugadora en el *ranking* WTA durante trescientas semanas? La respuesta es fácil: ser un hombre y haber sido socializado para pensar que siempre estará por encima de una mujer.

El deporte lleva monopolizado por los hombres durante siglos. No fue hasta el siglo xx cuando las mujeres empezaron a participar paulatinamente en los Juegos Olímpicos. Hasta el año 2012 no hubo una participación del cien por cien de mujeres en todos los países.[43] Solo el 2 % del deporte que se emite en televisión en España desde el año 1992 es de mujeres.[44]

Las mujeres deportistas sufren desigualdades que generan una enorme brecha con respecto a las condiciones de los hombres.[45] El deporte femenino no recibe la misma inversión publicitaria que el masculino y, por extensión, las deportistas no ganan lo mismo que los hombres. Tampoco reciben la misma inversión en premios y torneos. Ni los medios de comunicación cubren los eventos deportivos de

43. Yolanda Clemente, «Las mujeres en los Juegos Olímpicos», *El País*, 2016. Disponible en: <https://elpais.com/elpais/2016/07/21/media/1469128595_695055.html>.

44. «Solo el 2 % del deporte en televisión emitido desde 1992 es de mujeres», *El País*, 2019. Disponible en: <https://elpais.com/cultura/2019/08/20/television/1566302487_439785.html?fbclid=IwAR0lak7zlIsE99RUnMi4u qb-MzeHXK9grX_VVVTl-xn8sf7mEaMl88Pv_94>.

45. Ricardo Uribarri, «Las brechas que ahogan al deporte femenino», *Revista Contexto*, 2018. Disponible en: <https://ctxt.es/es/20180321/Deportes/18555/brecha-genero-deporte-femenino-ley-del-deporte-ricardo-uribarri.htm>.

mujeres ni les dan el espacio equitativo en las cadenas de televisión o radio. Como se comenta en un artículo, un estudio de la Universidad Carlos III de Madrid desvela que la presencia de la mujer en la prensa deportiva impresa se reduce a un 5,11 % de los casos, mientras que el hombre protagoniza el 92,2 % de las informaciones. Esto, además, si obviamos que, en buena parte del deporte, «las imágenes de mujeres deportistas parecen maniquís de pasarela, lo que hace pensar que su valía está en su belleza, no en su pericia deportiva», como dice Matilde Fontecha. Doctora en Filosofía y licenciada en Ciencias de la Actividad Física y Deporte, Fontecha apunta:[46]

El deporte contribuye a asumir como natural la discriminación de todas las mujeres. El deporte mediático es una de las grandes bazas del patriarcado. A la vez que actúa como herramienta de alienación, se constituye en el escaparate más importante de la inexistencia de las mujeres. […] En los informativos nos bombardean con noticias deportivas, dando por hecho que es correcta la ausencia de mujeres deportistas y de sus logros. […] El trato discriminatorio que dispensa la institución deporte a entrenadoras, árbitras, técnicas, médicas, directivas y, sobre todo, a las deportistas es impensable en otras esferas y abarca desde las niñas

46. Eduardo Azumendi, «Entrevista: Matilde Fontecha, especialista en igualdad en el deporte. "El deporte es el ámbito que más discrimina a la mujer"», *eldiario.es*, 2017. Disponible en: <https://www.eldiario.es/norte/euskadi/deporte-ambito-discrimina-mujer_0_622588637.html>.

en el deporte en edad escolar hasta las deportistas de élite. Las federaciones y los clubes incumplen las leyes de igualdad. Además, atentan contra los derechos humanos de las deportistas a través de prácticas antiguas y normalizadas, como el acoso y abuso sexual, o de otras de nuevo cuño como la lesbofobia o la utilización de su cuerpo como reclamo sexual.

Así, el deporte es uno de los espacios monopolizados por el patriarcado que está perfectamente normalizado en nuestra sociedad, y nuestros niños aprenden desde la infancia que ese espacio les pertenece en exclusiva.

Publicidad

La publicidad es otro medio donde las mujeres aparecen como un objeto de reclamo y, durante décadas, han manipulado nuestra percepción para normalizar a las mujeres objeto; se venda lo que se venda siempre es mejor con una mujer *sexy* al lado, por lo que se venden dos objetos: el artefacto en venta y la mujer de al lado. La versión contraria supone presentar a las mujeres tiradas en el suelo, en situación de debilidad, en extrema delgadez, y solo dar esta versión de las mujeres. Nos venden productos acompañados de mujeres no irreales transmitiendo debilidad y sexualidad. Como muy bien explica Naomi Wolf: «Una cultura obsesionada con la delgadez femenina no está obsesionada con la belleza de las mujeres, está obsesionada con la obediencia de estas».

Por otro lado, la mayoría de los productos del hogar están destinados a las mujeres (ollas, sartenes, productos de limpieza, robots de cocina, etcétera), así como los productos adelgazantes, y estereotipan los juguetes con niñas y niños jugando con ellos según cuál sea el sexo al que va dirigido.

La publicidad generada para la infancia reproduce muchísimas más desigualdades y estereotipos: los niños aparecen jugando en espacios externos y amplios y con juguetes que los animan a salir a explorar (juegos de aventura, balones), viajar y moverse (coches, aviones, helicópteros, motos), construir (Lego, Meccano, electrónico, educativo), divertirse (videojuegos), asumir riesgos (figuras de acción) y competir (carreras y deportes). Los juguetes dirigidos a las niñas las animan a perpetuar la belleza (Barbies, maquillaje, peluquería, abalorios), todo dentro del entorno del hogar (casitas, muñecas, animales, cocinas) y lo artístico más pasivo (manualidades, pinturas).

Según un estudio realizado en la Universidad de Sevilla,[47] en los anuncios para niños, la voz en *off* utilizada será predominantemente masculina y el mensaje asociado, agresivo, violento e incitará a la competitividad. En los anuncios dirigidos a las niñas, la voz en *off* es femenina, el contenido es menos agresivo y se centra en el ámbito doméstico-alimentario, así como en el cuidado de animales o personas. Los colores

47. Álvaro Pérez-Ugena, Coromina Esther Martínez y Álvaro Salas, «Los estereotipos de sexo en la publicidad de los juguetes», *Ámbito*, 2011, n.º 20, pp. 217-235.

de los juguetes masculinos suelen ser fuertes y oscuros, mientras que los de los juguetes femeninos son claros y pasteles.

Desde la infancia nos ocupamos de decirles a las niñas y los niños dónde está su lugar en la sociedad a través de mensajes publicitarios que van formando el imaginario colectivo de toda la sociedad.

Espacios

La forma en que los hombres ocupan los espacios físicos y verbales en la sociedad desvela también sus privilegios y nuestras vulnerabilidades. Como explica Justo Fernández,[48] durante siglos, los hombres se han adueñado de todas las corrientes de pensamiento y han convertido en doctrina su forma excluyente de mirar el mundo. Ellos son los que saben y los que tienen los derechos.

Ejemplos clásicos son el *mansplaining*, el *manspreading* y el *manterrupting*, palabros que sirven para nombrar cuándo un hombre le explica algo a una mujer cuando ella ya lo sabe, donde el privilegio de él es considerarse superior y sabedor de las cosas y la vulnerabilidad de ella es considerarla inferior e ignorante; cuándo un hombre ocupa el espacio

---

48. Justo Fernández, «12.000 años de mente patriarcal», *La Pajarera Magazine*, 2018. Disponible en: <http://www.lapajareramagazine.com/12-000-anos-de-mente-patriarcal?fbclid=IwAR2Uu2TlQ-_OlbksbjW15k2hZ-uqCyOVJFex054hw1s0NS_4frNtOBewfsE>.

físico extendiendo las piernas y la mujer las cierra, donde el privilegio de él es considerar que necesita ese espacio y la vulnerabilidad de ella, ceder el espacio, y cuándo un hombre interrumpe a una mujer cuando habla, donde el privilegio de él es pensar que lo que tiene que decir es más importante que lo que está diciendo ella.

En toda la sociedad y en todos los ámbitos se produce este reparto desigual de espacios. Pero otro de los más injustos es la zona de lo privado y lo público: las mujeres ocupan el espacio doméstico casi en su totalidad, un sitio invisible y cerrado, de aislamiento, donde apenas hay relaciones sociales. Por otro lado, los hombres ocupan los espacios públicos (donde las mujeres están infrarrepresentadas), una esfera visible y abierta, el sitio donde se relacionan y el lugar del poder social; ellos están en los puestos políticos, en la dirección de las empresas, en la estatua del conquistador a caballo en el centro de la plaza o en el nombre de la calle.

Justicia patriarcal

Dice Sonia Vivas que «la ley solo protege (y a medias) a las esposas o novias de quienes las maltratan. El resto de las mujeres no contamos ni para las estadísticas, nos quedamos fuera del sistema. Quien te viola, te mata, te acosa, te pega o te agrede decide la categoría de víctima que eres».

No solo nuestro sistema es injusto porque las mujeres sufrimos las desventajas de estar en situación de vulnerabilidad, sino que, además, la justicia y las instituciones que nos deberían proteger nos cuestionan, nos responsabilizan o nos ignoran. Los ejemplos de injusticia patriarcal son infinitos: un hombre patea la cara a su mujer, esta queda sin olfato de por vida y es condenado por imprudencia;[49] una víctima de violación es obligada a convivir en el mismo centro de menores que sus agresores;[50] un hombre abusa de su hija durante toda su vida y lo condenan a dos años de cárcel;[51] condenan por abuso y no por violación a dos hombres por violar a una mujer en Valencia;[52] el propio defensor del pueblo vasco dice que algunas absoluciones en casos de abusos sexuales a menores le provocan perplejidad;[53] una

49. La Sexta, «Condenan por "imprudencia" a un hombre por patear la cara de su mujer dejándola sin olfato de por vida», *La Sexta*, 2019. Disponible en: <https://www.lasexta.com/noticias/sociedad/hombre-patea-cara-mujer-dejandola-olfato-condenan-imprudencia_201904025ca303a20cf23116f6dae749.html>.

50. Sara Sans, «La joven víctima de los abusos sexuales en Tarragona se fuga del centro donde convivía con sus agresores», *La Vanguardia*, 2019. Disponible en: <https://www.lavanguardia.com/local/tarragona/20190402/461422991001/joven-victima-abusos-sexuales-tarragona-fuga-centro.html>.

51. Sofía C. Rodríguez, «"Soy la hija de un monstruo": la víctima del profesor de Las Palmas relata que el abusador era su padre», *El Español*, 2018. Disponible en: <https://www.elespanol.com/reportajes/20180802/monstruo-victima-profesor-palmas-relata-abusador-padre/326968402_0.html>.

52. «Condenan por abuso y no por agresión sexual a dos hombres que violaron por turnos a una mujer en València en 2016», *Público*, 2019. Disponible en: <https://www.publico.es/sociedad/violencia-machista-condenan-abuso-no-agresion-sexual-hombres-violaron-turnos-mujer-valencia-2016.html>.

53. «El Ararteko sobre abusos sexuales a menores: "Hay absoluciones que provocan perplejidad"», *eldiario.es*, 2019. Disponible en: <https://www.eldiario.es/norte/euskadi/Ararteko-elaboracion-protocolo-sexuales-infantiles_0_884712456.html>.

niña es violada por su padrastro desde los diez hasta los dieciséis años, la deja embarazada con trece y la obliga a abortar, y la fiscal no ve uso de la fuerza y, en lugar de agresión sexual (violación), dice que es abuso sexual;[54] un hombre es acusado de maltratar durante treinta y cuatro años a su mujer y de violarla delante de sus hijos, es ingresada en un psiquiátrico y la fiscalía pide un año y medio de cárcel.[55] Otro, y además muy conocido por la sociedad, ha sido el caso de «la manada»: cinco hombres violan a una chica de dieciocho años, lo graban y le roban el móvil. En este caso, además, algunos jueces fueron capaces de ver «jolgorio» en los vídeos de la violación y la víctima fue acusada de llevar posteriormente una vida normal; una mujer maltratada por su pareja toma la decisión de alejar a sus hijos del maltratador por si cumple las amenazas de hacerle algo a los niños, el sistema judicial la condena a ella a cinco años de cárcel y le da la custodia de los niños al padre maltratador. En el caso contrario, tenemos a mujeres que confiaron en el sistema y el maltratador cumplió sus amenazas y asesinó a sus hijas[56]

---

54. «La menor que se quedó embarazada de su padre: "Como mi madre trabajaba, me violaba cada día"», *La Vanguardia*, 2019. Disponible en: <https://www.lavanguardia.com/sucesos/20190404/461454807868/menor-violada-padre-embarazo-juicio.html?fbclid=IwAR1v3sTbAWVIZVwe3076S GPMWIAlLqyonJaAB-GlevLBo2VfVkkt_XLM5so>.

55. Marcos Ollés, «Piden tres años de cárcel y 320.000 euros por maltratar a su mujer durante 34 años», *Diario de Mallorca*, 2019. Disponible en: <https://www.diariodemallorca.es/sucesos/2019/04/10/piden-tres-anos-carcel-320000/1407990.html>.

56. Pilar Álvarez, «"Denuncié, me dijeron que no pasaría nada y mis

ante la impasibilidad del mismo sistema. Y otro ejemplo despiadado, el de una mujer a la que su marido asesinó a su hijo de catorce meses y un juez la responsabilizó a ella por no alertar del riesgo.[57] Y esta es solo una ínfima muestra de nuestra injusticia patriarcal.

Medicina

La medicina ha sido durante siglos androcéntrica: los hombres la investigaban y la aplicaban teniendo como eje central al hombre. Dice Isabel Jiménez-Lucena,[58] historiadora de medicina de la Universidad de Málaga, que «en una sociedad marcada por la desigualdad de género (sic) entre hombres y mujeres, la ciencia no ha hecho más que reproducir esos mismos patrones en su manera de obtener el conocimiento. En nombre de la "objetividad", las mujeres han sido sistemáticamente excluidas de muchos estudios, por lo

---

hijas ya no están"», *El País*, 2019. Disponible en: <https://elpais.com/sociedad/2019/03/23/actualidad/1553369290_857804.html?id_externo_rsoc=TW_CC>.

57. Natalia Puga, «El calvario judicial de Marga: su ex asesinó a su hijo y un juez la responsabiliza de no haber alertado del riesgo», *El Mundo*, 2019. Disponible en: <https://www.elmundo.es/espana/2019/04/23/5cbf25b2fc6c83c50c8b4684.html>.

58. Valentina Raffio, «La ciencia también tiene un sesgo de género que distorsiona sus resultados», *El Periódico*, 2019. Disponible en: <https://www.elperiodico.com/es/ciencia/20190623/sesgo-genero-ciencia-afecta-resultados-7511209?fbclid=IwAR0jlzS66DXug_x6M2S5uYB-qSLf2JUKbMIdQ__Em8qtqqZMdJyOvGAMB_s>.

que gran parte de lo que sabemos sobre el cuerpo humano está construido solo en función del modelo masculino».

Esto significa que, como el machismo, el sexismo y la misoginia permean absolutamente en todo lo que tenemos alrededor, se incluyen también los estudios médicos, los experimentos sobre tratamientos, ensayos clínicos y terapéuticos.

Por ello, los síntomas de ataque cardiaco que se conocen son el dolor en el brazo izquierdo y en el pecho. Pero esos son los síntomas en los hombres; en las mujeres son otros: náuseas, fatiga, dolor en la mandíbula o el cuello, aturdimiento o dolor de estómago. Por ese motivo muchas mujeres no reconocen los síntomas y no piden auxilio a tiempo. Aunque a esto hay que añadirle que se ha demostrado que una mujer, antes de pedir ayuda ante un malestar, pone en orden su entorno doméstico y, cuando considera que ha terminado con sus obligaciones, pide auxilio o acude a la consulta. Las mujeres son peor diagnosticadas que los hombres en setecientas patologías;[59] el sesgo de sexo se produce cuando a igual necesidad sanitaria en hombres y mujeres se hace un mayor esfuerzo diagnóstico o terapéutico en un sexo respecto al otro, y eso contribuye a desigualdades en salud.

La violencia obstétrica es la que ejerce el personal sanitario hacia las mujeres con todo lo referente a su cuerpo, sus

59. EFE, «Las mujeres son peor diagnosticadas que los hombres en 700 patologías», *Levante*, 2019. Disponible en: <https://www.levante-emv.com/comunitat-valenciana/2019/05/31/mujeres-son-peor-diagnosticadas-hombres/1882578.html?fbclid=IwAR1h19741073zgpwKSlHN1n2ytMynT6qDqNaveUitvyn-0wEZJ1rCVNndls>.

procesos naturales y el sistema reproductivo. Hoy en día, no están garantizados los derechos sexuales y reproductivos de las mujeres y en numerosas ocasiones sufren violencia durante el parto y no pueden decidir sobre su sexualidad. Está demostrada una excesiva medicalización de procesos naturales, un trato degradante, vejatorio e incluso humillante, violencia psicológica e incluso física hacia las mujeres, además, en las circunstancias de mayor vulnerabilidad, durante el parto, con la episiotomía por rutina, el uso de fórceps, la maniobra de Kristeller, la cesárea sin justificación, el raspado del útero sin anestesia y otros tratamientos sin utilizar anestesia…, sin olvidar los abusos psicológicos que se producen en estos casos.

La endometriosis es una enfermedad que afecta al 10 % de las mujeres y de la que apenas se ha investigado ni se diagnostica correctamente, a pesar de que produce fuertes dolores. La fibromialgia afecta hasta un 95 % más a las mujeres, por ello ni se investiga debidamente ni se conoce.

Un claro ejemplo de la gran diferencia que se establece entre hombres y mujeres en medicina ocurrió cuando la píldora anticonceptiva masculina se retiró del mercado porque tenía los mismos efectos secundarios que la píldora femenina. Parece ser que esos efectos secundarios que las mujeres llevamos setenta años soportando no se pueden consentir en el varón.

Sin embargo, a pesar de la gran brecha sanitaria, debemos reconocer que la masculinidad también es responsable de que los hombres se crean superiores y por ello tiendan a tener más enfermedades mentales[60] (a pesar de que, curio-samente, el desequilibrio mental está asociado a las mujeres, ya que se considera un síntoma de debilidad) o que las estadísticas nos indiquen que ellos mueren más por VIH, cáncer de pulmón, homicidios…, enfermedades a veces causadas por problemas naturales y otras veces por problemas sociales asociados a cómo se es un hombre:[61] «Ellos fuman y beben más, suelen tener profesiones en las que están más expuestos a tóxicos, son más propensos al riesgo, tienen más accidentes de tráfico (el doble de mortalidad masculina), muertes violentas (cuatro veces más) y suicidios (un 75 % más)».

Ámbito laboral

El efecto Jennifer y John[62] es la conclusión de un experimento que se realizó en la Universidad de Yale en 2012 en

---

60. La Sexta, «Los hombres que se creen superiores a las mujeres son más propensos a presentar problemas mentales», *La Sexta*, 2016. Disponible en: <https://www.lasexta.com/noticias/ciencia-tecnologia/hombres-que-creen-superiores-mujeres-tienen-problemas-mentales_2016112358356f0d0cf24c3ff6a026c1.html>.
61. Pablo Linde, «Las 33 causas por las que el hombre muere antes que la mujer», *El País*, 2019. Disponible en: <https://elpais.com/elpais/2019/04/03/planeta_futuro/1554313576_035882.html>.
62. Corinne A. Moss-Racusin, John F. Dovidio, Victoria L. Brescoll, Mark J. Graham y Jo Handelsman, «Science faculty's subtle gender biases favor male students», *Proceedings of the National Academy of Sciences*, 2012, vol. 109, n.º 41, pp. 16.474-16.479. Disponible en: <https://www.pnas.org/content/pnas/109/41/16474.full.pdf>.

el que se pedía a varios docentes de seis universidades de investigación norteamericana que valoraran la solicitud presentada por John (un personaje masculino ficticio) y Jennifer (un personaje femenino ficticio). Ambos presentaban la misma documentación y, sin embargo, los resultados fueron muy diferentes: John fue mucho mejor evaluado a todos los efectos. John era más competente, más contratable, le habrían dedicado más horas de tutoría y le habrían pagado 30.238 dólares frente a los 26.508 dólares que le habrían pagado a Jennifer. La diferencia por ser mujer era ser un 10 % peor valorada.

La sociedad nos transmite que la principal función de las mujeres es la reproducción y que nuestro trabajo se desarrollará plenamente en ese ámbito. Pero el trabajo doméstico y reproductivo no tiene principio ni fin, no tiene vacaciones, no tiene valor social, no está remunerado económicamente ni está cubierto por el sistema de bienestar. Fuera del hogar, solo el 11 % de las mujeres tienen acceso a puestos de poder y responsabilidad. El empobrecimiento es femenino (70 % de mujeres) y el trabajo precario también es para ellas, la brecha salarial está en un 27 % por norma general y en un 15 % en el mismo puesto de trabajo. Sin embargo, a los hombres se les prepara para desarrollar su trabajo fuera de casa, con un horario específico, un principio y un fin, un trabajo reconocido socialmente, remunerado y que, además, produce bienes y servicios para la sociedad.

La mayoría de los puestos de poder y responsabilidad están en manos masculinas en un 89 %. Los trabajos mejor remunerados, también. Los hombres trabajan en casa menos de la mitad del tiempo que trabajan las mujeres.

Poder

Los hombres no solo quieren poder, sino que creen tener derecho al poder. En la construcción de la masculinidad, el poder y el control son la base de cómo está construido un hombre. El poder no solo está en puestos de responsabilidad laborales o políticos, sino que también se encuentra dentro de las relaciones familiares. Un estudio[63] concluye que las dinámicas de poder no son tan simples en las relaciones íntimas porque, incluso en las relaciones que funcionan bien, ambos miembros de la pareja son inevitablemente dependientes el uno del otro. Los hombres sexistas subestiman su poder en las relaciones de pareja, por lo que los hombres que mostraron puntos de vista sexistas más hostiles sentían que tenían menos poder en sus relaciones y eran más agresivos hacia sus parejas, más críticos y más desagradables.

63. «Los hombres sexistas subestiman su poder en las relaciones de pareja», *Europa Press*, 2018. Disponible en: <https://www.europapress.es/epsocial/igualdad/noticia-hombres-sexistas-subestiman-poder-relaciones-pareja-20181126150834.html>.

Violencia machista

Y llegamos a la cúspide de la pirámide de los privilegios masculinos en el sistema patriarcal: la idea de que el hombre puede someter a la mujer a través del control económico y social, y de la violencia psicológica, sexual y física. Porque la violencia machista no es solo un hombre golpeando a una mujer, que suele ser su compañera o excompañera, es mucho más que eso. Las mujeres sufren violencia de formas muy diversas:[64]

- **Violencia social.** Cuando la víctima es apartada de amistades y familiares e incluso se pone a su entorno en su contra. Por culpa de esta situación, muchas mujeres no tienen a nadie a su alrededor en quien apoyarse cuando sufren el maltrato.
- **Violencia económica y patrimonial.** Muchas mujeres, incluso con trabajos remunerados, ven cómo pierden el control de su propio dinero cuando están en pareja. Estos hombres, con intención de dominar a las mujeres o para coaccionarlas, de forma consciente o inconsciente, les recriminan sus gastos, les reducen o directamente les quitan los recursos económicos, lo que es, además, una forma de fomentar su dependencia. La violencia patrimo-

---

64. Oscar Castillero Mimenza, «Los 7 tipos de violencia de género (y características)», *Psicología y Mente*. Disponible en: <https://psicologiaymente.com/forense/tipos-violencia-de-genero>.

nial surge cuando se roban o destruyen objetos, bienes o propiedades con la finalidad de causar dolor, dominación o daño psicológico.

- **Violencia sexual.** Cuando la víctima es forzada o coaccionada para mantener algún tipo de relación sexual. El 98 % de las agresiones sexuales las cometen los hombres y al día se denuncia más de una violación por hora. Todas las mujeres han sufrido en menor o mayor medida acoso sexual. Esto significa también lo contrario: que la mayoría de los hombres han acosado sexualmente a mujeres en mayor o menor medida.
- **Violencia psicológica.** Son las humillaciones, amenazas, coacciones, desprecio y desvalorización realizadas a la víctima con el objetivo de debilitarla psicológicamente.
- **Violencia física.** Todo el daño físico que se puede infligir a la víctima a través de una agresión directa o indirecta.
- **Violencia vicaria.** Cuando el daño se provoca a través de las hijas o hijos de la pareja, y se llega incluso al asesinato de las criaturas para causar dolor.

Todas las violencias machistas se pueden dar fuera del ámbito de la pareja y siguen siendo violencia machista.

El neoliberalismo sexual

Otro lugar donde el patriarcado se visualiza en su máximo esplendor es en el neoliberalismo. Como explica Ana de

Miguel,[65] en sociedades formalmente igualitarias como la nuestra, la opresión se justifica bajo la libre elección. Ya no es necesario que nadie le diga a la mujer que se vaya a fregar, que se quede en casa con las criaturas o que no tenga ambición profesional; ella misma, sin que nadie se lo diga, así lo va a hacer, lo que es el gran triunfo del patriarcado. Porque lo va a hacer, además, justificándose con que lo ha decidido libremente. De esta manera, bajo el mito de la libre elección, se justifican muchísimas injusticias.

El liberalismo que defiende la regulación de la prostitución porque las mujeres *somos libres* en lugar de abogar por el abolicionismo, que condena al putero y al proxeneta, está legitimando la explotación de las mujeres y permitiendo una sociedad de puteros en la que el cuerpo de la mujer siga estando a la venta. ¿Es posible una sociedad feminista si se puede comprar el cuerpo de las mujeres? Rotundamente no. Con la pornografía y con los vientres de alquiler ocurre lo mismo. ¿Es la libertad de las mujeres o la precariedad económica la que impulsa a las mujeres? El patriarcado, en estos casos, ha triunfado completamente.

65. Ana de Miguel, *El neoliberalismo sexual: el mito de la libre elección*, Madrid: Cátedra, 2016.

APUNTES

Lo principal que tenemos que hacer para empezar a cambiar es tomar conciencia. Y los primeros que tienen que tomar conciencia son los propios niños y hombres para que sean ellos mismos los que decidan hacer cambios. Los niños tienen que aprender a cuestionarse de forma continua para identificar los comportamientos de la masculinidad hegemónica que son perjudiciales para ellos mismos y para las personas que tienen alrededor, tanto mujeres como otros hombres.

Infancia. Visualizad la película *Una pandilla de pillos* y dile previamente que lo haga con una visión crítica, que cuestione cada cosa que le parezca mal, raro, que no le guste, y que lo anote en un cuaderno.

1. ¿Te gusta el club de machotes odia-mujeres que han creado?

2. ¿Crees que es exagerado?

3. ¿Qué opinas de la relación de Alfalfa y Darla?

4. ¿Crees que Alfalfa se puede sentir presionado por sus amigos?

Haz que se cuestione cada reflejo machista que aparece en la película. Desde el club hasta los juegos y divertimentos que usan los niños.

Adolescencia. La película *Diario de un rebelde* muestra un tipo de masculinidad. Dile antes de empezar que anote en el cuaderno todo lo que vea que hacen los protagonistas que pueda formar parte de la construcción del rol sexual masculino.

1. ¿Cómo tratan a las chicas?

2. ¿Por qué y en qué momentos consumen drogas?

3. ¿Qué otros ejemplos de masculinidad has visto?

APUNTES

¿Cómo crees que es un hombre o un chico? Vamos a ver cómo nuestro niño cree que tiene que ser un niño.

1. Cuando estás en un grupo de chicos, ¿cambia vuestra forma de comportaros si hay chicas delante?

2. Si hay un problema, una crisis, ¿quién debería asumir los mandos, una chica o un chico?

3. ¿Hay algún momento en el que te sientas inseguro frente a otros chicos? Por ejemplo, si no eres bueno jugando a algún deporte y crees que pueden meterse contigo.

4. ¿Crees que, si durante un recreo estás jugando con las chicas a la comba o a otro juego de los que suelen jugar ellas, tus amigos u otros chicos se van a burlar de ti?

5. Si llevaras un jersey o ropa con flores al colegio, ¿crees que algún chico se burlaría de ti?

6. ¿Crees que las madres cuidan mejor que los padres? ¿Por qué?

7. ¿Qué te parece más habitual: una mujer directora de una empresa tecnológica o un hombre? ¿Por qué?

8. Ana y Juan son una pareja en la que trabajan los dos. ¿Quién pensarías que tiene mejor sueldo?

9. Al llegar a casa de Ana y Juan, ¿quién te imaginas que hace la cena y pone las lavadoras? ¿Quién coloca el cuadro en la pared y cambia la bombilla que está fundida?

10. ¿Crees que los niños ocupáis más espacio en el recreo jugando con la pelota? ¿Qué pasa si las niñas quieren ocupar ese espacio?

4.
Su lugar en el mundo

Lo más grande es el espacio, porque lo encierra todo.

TALES DE MILETO

Al vivir en una sociedad patriarcal donde mamamos el machismo y la misoginia sin darnos cuenta desde nuestro nacimiento, suele ocurrir que las personas ni siquiera sabemos detectar las injusticias, no las vemos, aunque nos las señalen con el dedo, y somos incapaces de apreciarlas ni de descubrirlas. Dice Noam Chomsky[66] que la gente ya no cree en los hechos. No se cree las estadísticas, las noticias…, no confía en nada y, entre otras cosas, tampoco asume como ciertas verdades irrefutables. Por este motivo tenemos que entrenarnos mucho para empezar a apreciarlas, y en este libro mi misión es ejercitarnos para que identifiquemos rápidamente los privilegios por haber nacido hombre.

66. Jan Martínez Ahrens, «Noam Chomsky: "La gente ya no cree en los hechos"», *El País*, 2018. Disponible en: <https://elpais.com/cultura/2018/03/06/babelia/1520352987_936609.html>.

Leo se apuntó a la extraescolar de fútbol en el colegio y juega martes y jueves por las tardes. Todos los sábados por la mañana tiene partido. Durante los recreos, la mayoría de las veces suele jugar al fútbol en el patio con sus amigos, ocupando la cancha central del patio destinada al juego con pelotas, y lo hace muy bien porque es su deporte favorito y lo practica a menudo. Además, es un deporte en equipo que fomenta el compañerismo, con el que aprende a cumplir las reglas del juego, lo que es la disciplina y el valor del esfuerzo. Y, por supuesto, practicar deporte favorece una vida sana. Entonces, ¿qué problema hay con el fútbol? El fútbol en sí mismo, de forma abstracta, posiblemente es un deporte como otro cualquiera, con sus reglas y todos los valores positivos que aporta el deporte en equipo. Sin embargo, en nuestra sociedad no es un deporte abstracto, tiene unas connotaciones que lo convierten en parte de la construcción de la masculinidad y adiestra en la hombría y en lo que debe ser un chico: el fútbol es el deporte rey, hay partidos de fútbol que paralizan a un país entero y sus jugadores son solo hombres y ganan astronómicas cantidades de dinero. Si estás en el paseo de la Castellana de Madrid una mañana de sábado cualquiera, puedes ver cómo un autobús con el logotipo del club en cuestión atraviesa la calle escoltado por coches de policía con las sirenas puestas y saltándose los semáforos. Los informativos les otorgan un espacio que no tiene ningún otro deporte y que coincide o es superior al tiempo dedicado a la política o a las noticias internacionales. Hay programas específicos que solo hablan de fútbol. Hay cadenas de televisión dedicadas en exclusiva al fútbol. El fútbol en el colegio es un potente medio de discriminación, ya que divide a los niños entre los que juegan bien al fútbol, los que juegan mal y a los que no les gusta. Y a las niñas, a la mayoría de las cuales no le gusta el fútbol y una minoría lucha por jugar (y abandonan rápido debido a la presión que sufren). Leo quiere ser futbolista para ser rico, famoso y competir en un deporte que le encanta. Y, aunque no lo haga de forma consciente, sabe que jugar a este deporte lo convierte en una persona poderosa: hipoteca todos los sábados por la mañana a su familia, que deben asistir a su partido de fútbol, donde muchos padres gritan al entrenador, insultan al árbitro y festejan como nunca cuando su hijo mete un gol; buena parte de su tiempo de ocio lo dedica a este juego, a verlo o practicarlo, y muchas de las conversaciones entre hombres giran en torno a él. También se fomenta el consumismo con la compra de camisetas y demás equipación deportiva del club de fútbol al que pertenece el niño. El fútbol es poder masculino. Y el espacio que ocupa en la vida de muchos niños y adultos es enorme, un espacio tanto físico como mental y verbal. Además, en el fútbol están legitimados comportamientos machistas y misóginos y a los futbolistas se les disculpa evadir impuestos, conducir a doscientos kilómetros por hora, violar o maltratar.

¿Por qué hay menos niños que quieran jugar al baloncesto o al voleibol? Porque esos deportes ocupan menos espacios públicos y privados y la sociedad les otorga menos poder. Al fútbol, además, apenas juegan las niñas, y entre los hombres aficionados a este deporte se produce un entendimiento instantáneo.

¿Y qué ocurre con los niños que no se ajustan al rol sexual que se espera de ellos? ¿Qué ocurre con esos niños a los que no les interesa el fútbol en absoluto, ni nada de lo que tenga que ver con la masculinidad?

> **APUNTES**
>
> Visualizad la película *Quiero ser como Beckham*. Analizad las situaciones en las que ocurra una injusticia y pregúntate si en tu entorno ocurren cosas parecidas.

La frágil masculinidad

Existe una parte de la masculinidad mucho más estricta que la feminidad. Socialmente se aprueba que las chicas vayan sin maquillar, pero no está bien visto que los chicos usen maquillaje. De la misma forma, una chica puede vestir pantalones vaqueros, camiseta, zapatillas y llevar el pelo corto sin que a nadie le parezca extraño, pero, si un chico se pone falda, tacones, se maquilla y se deja el pelo largo, no pasará tan desapercibido. Parte de la ropa que usan las mujeres forma parte de su dominación: los tacones hacen que te duelan los pies, los pantalones pitillo o el tanga son incómodos, las minifaldas hacen que estés pendiente de que no se te vea más de lo necesario..., también se invierte mucho tiempo en maquillarse y peinarse. ¿Por qué querría un hombre pasar por todo eso?

En el blog de Ana Fernández,[67] su autora cuestiona por qué en las fiestas de San Isidro de Madrid muchas niñas y mujeres adultas van vestidas con el chaleco y la gorra de chulapo, pero ningún niño ni adulto se viste con el traje de chulapa, ni con la mantilla, ni el pañuelo y el clavel en el pelo, con ningún elemento femenino. Las chicas pueden parecer hasta sexis con el chaleco y la gorra, es una transgresión políticamente correcta, algo que las mujeres nos hemos ganado después de siglos de lucha, pero un chico vestido con el chal, el clavel en el pelo y el pañuelo para muchas personas podría parecer un esperpento.

Esto es así porque un hombre que se libera de la vestimenta que la masculinidad tiene reservada para él tiene mucho más que perder que una mujer que se libera de la vestimenta que la feminidad tiene destinada para ella. ¿Por qué iba a querer un hombre ponerse una minifalda y tacones? ¿Por qué iba a querer maquillarse cada mañana o plancharse el pelo? No es cómodo para la vida cotidiana, ocupa tiempo, dinero y esfuerzo. ¿Recordáis los privilegios? Es un privilegio no tener que maquillarse cada mañana, ni lavarse y peinarse una larga melena, ni tener que usar zapatos con tacón o medias. El poder masculino se tambalea cada vez que un chico asume una característica que los roles sexuales han destinado a la feminidad. Ser un niño supone rechazar todo lo que tenga

67. Ana Fernández de Vega, «Feministas modernas», *Ana Fernández de Vega*, 2019. Disponible en: <http://anafernandezdevega.es/feministas-modernas/>.

que ver con ser mujer. Si un hombre es delicado, si se expresa con formas suaves, si es tierno, atento, si se preocupa por las personas que tiene alrededor, si realiza las tareas de la casa, si escucha interesado lo que le dicen las mujeres, si no le gusta el fútbol, ni la ficción agresiva..., ¿es verdaderamente un hombre? La feminidad está asociada con la mujer porque así funciona el estereotipo. Lo primero que tenemos que asumir es que la pérdida de las formas más visibles de masculinidad no tiene nada que ver con la elección sexual, y que lo que hace es construir el estereotipo de un sexo. Un hombre con formas históricamente asociadas al rol sexual femenino es, sencillamente, un hombre con formas históricamente asociadas al rol sexual femenino. Que se dirija a sí mismo con determinantes y pronombres femeninos solo fomenta la idea de que las formas femeninas son de mujer, por lo que mantienen el estereotipo, no está haciendo nada subversivo. Lo realmente transgresor y que rompe el género es ser un hombre con formas históricamente femeninas y que mantenga sus pronombres masculinos y su identidad de hombre. Porque la gran ruptura del género ocurrirá cuando lo que se asocia a la masculinidad o a la feminidad no se asocie al hombre o a la mujer.

Es interesante entender cómo permea la construcción de la masculinidad incluso dentro del colectivo gay, donde, aunque se supone que han superado buena parte de los estereotipos, mantienen la construcción convencional del género y existe algo como la *plumofobia*. Según un estudio[68]

68. Diego Bermejo, «"Plumofobia", así es la homofobia entre gays que

en el que participaron doscientos ochenta homosexuales de Estados Unidos y del Reino Unido, el 37 % de los gais que se autodefinían *sin pluma* afirmaban que los gais *con pluma* manchan la imagen de los homosexuales en general. El fondo es el mismo: todo lo que se puede asociar con lo femenino desacredita lo masculino y es de mujer. Un hombre puede ser gay si mantiene el estereotipo masculino, esos homosexuales a los que «no se les nota» pueden llegar a ser aceptados dentro de la masculinidad y gozar de los privilegios de ser hombres. Sin embargo, cualquier hombre, gay o no, con pluma puede ser rechazado por sus iguales. Y para desmarcarse es posible que utilice un lenguaje en femenino para reforzar el estereotipo, porque un hombre afeminado no puede ser un hombre.

Para romper con los estereotipos, tenemos que empezar a asumir que un chico puede ser de muchas maneras y ellos tienen que hacer un esfuerzo por saber cuál es la mejor manera de ser ellos mismos.

La primera persona que es un referente para un niño es su padre (si lo tiene), su amigo o el superhéroe. Por eso, es fundamental que los hombres que están alrededor de los niños se responsabilicen de cómo se proyectan hacia ellos: libres de estereotipos, tienen que ver claramente cómo en su familia y en su entorno se han desterrado los roles sexuales. Si esto no es posible, es importante señalarles los rasgos típicos

se multiplica en Internet», *El Mundo*, 2017. Disponible en: <https://www.elmundo.es/f5/comparte/2017/06/27/5950fa0a46163f5d4b8b465d.html>.

de la masculinidad contraproducentes y buscar modelos en los que puedan fijarse, de hombre o niños a su alrededor. Es bueno destacar las características positivas de unos y otros, resaltarlas para que, desde el inicio, asuman cuáles son los rasgos que se aprecian mejor.

APUNTES: MASCULINIDAD

Vamos a analizar lo que es la masculinidad con la intención de empezar a derribar mitos.

Pediremos que realice una lista de todas las características de la masculinidad, especificando en qué consisten esas características. Por ejemplo, si una de ellas es «ser fuerte», le vamos a pedir que nos diga qué significa la fortaleza, ya que parece una característica masculina si la asociamos a la fuerza física del levantamiento de algo, pero, si hablamos de resistencia o de fortaleza emocional, es seguro que no es un rasgo exclusivamente masculino. De esta forma, debe asimilar también que existe la construcción de muchos significados donde las características masculinas han convertido su significado en hegemónico, ¿seguro que los hombres son más fuertes que las mujeres?

Una vez identificada la característica, vamos a valorarla para averiguar si es positiva o negativa: qué valor social puede tener esa característica y también si tiene connotaciones negativas. La agresividad es posible que no aporte nada a la sociedad, más bien al contrario. ¿La competitividad beneficia a alguien? ¿No es mejor competir con uno mismo en lugar de contra alguien? ¿No es mejor buscar el bien común?

La finalidad de esta actividad es entender y asumir que ningún rasgo de la masculinidad es positivo.

Espacios afectivos: expresar las emociones

El *New York Times*[69] publicó un artículo sobre un hombre que, durante los últimos días de vida de su padre, se sentía incapaz de cogerle de la mano. Durante días estuvo tentado a hacerlo y, finalmente, se animó y le cogió de la mano. Es más, le susurró un «te quiero», algo que no había hecho en toda su vida. Se sintió mucho mejor y a partir de ese momento comenzó a investigar sobre por qué los hombres estadounidenses se sienten incómodos al tocar la mano de otro hombre, aunque sea su padre o su hijo adulto. Descubrió que el contacto no sexual entre adultos tenía muchísimos beneficios, desde la reducción del estrés y la presión arterial hasta la capacidad de recuperación del sistema inmunológico. Incluso comprobó cómo hace años el contacto emocional entre hombres no estaba mal visto, y vio que existían cartas, incluso de Abraham Lincoln, en las que los hombres fomentaban relaciones de amistad mucho más íntimas y no sexuales de las que podían tener con mujeres. Sin embargo, en los siglos XX y XXI, el contacto físico entre hombres se reducía al sexo, a comportamientos violentos o al deporte. ¿Dónde se han dejado la afectividad los hombres?

Si hay un espacio que los hombres no ocupan, es el de la expresión de los afectos. A los niños se les enseña a ser afec-

69. Andrew Reiner, «The Power of Touch, Especially for Men», *The New York Times*, 2017. Disponible en: <https://www.nytimes.com/2017/12/05/well/family/gender-men-touch.html>.

tuosos, como mucho y de forma excepcional, con las mujeres, pero nunca con otros hombres. Tengo un amigo con una hija que me confesó que, si hubiera tenido un niño, no habría podido ser tan cariñoso con él; me comentaba que no se visualizaba abrazando, besando y acurrucado en la cama con su hijo de once años.

El hombre «blando» se construye a través de cómo muestra sus afectos: un hombre cariñoso con otros hombres se interpreta en parte de la sociedad como afeminado. Cuando un hombre heterosexual se relaja en ese aspecto, rápidamente surgen las dudas sobre sus preferencias sexuales, es el fracaso de la masculinidad del hombre heterosexual. Pero, aunque sabemos que la forma de expresarte no tiene nada que ver con las elecciones afectivas, es común que se interpele al cariñoso, incluso se le insulte o humille.

APUNTES: EDUCACIÓN EMOCIONAL

La educación emocional enseña las habilidades emocionales para formar a personas sanas con la idea de aprender a comprender y saber gestionar las emociones. Uno de los ámbitos que es necesario estudiar es el de la clasificación de las emociones.

1. Seguimos con la ficción para realizar este ejercicio y vamos a pedirles a nuestros chicos que escojan la escena de una película, un libro o una serie que represente alguna de estas emociones y por qué:

   • Sorpresa.
   • Felicidad.

- Miedo.
- Ira.
- Asco.
- Tristeza.

Algo que es importante que aprendan es que no existen las emociones positivas o negativas. Todas las emociones son buenas, son una respuesta a sensaciones que nos parecen agradables o desagradables y sirven para protegernos, para comunicarnos y expresar nuestro estado de ánimo.

2. Para trabajar la importancia de las emociones:

- Si un día te llevas un gran disgusto, ¿te molestaría llorar en público?
- ¿Crees que es bueno llorar?
- ¿Crees que tiene algo positivo enfadarse? ¿Y reaccionar contra alguien por ese enfado?

Espacio del humor sexista

¿Cuántas veces hemos sido testigos de chistes machistas? ¿De bromas machistas? Hay personas que descalifican, se burlan y agreden a través del humor; cuando alguien les increpa diciéndoles que están agrediendo a las mujeres con sus bromas, ellos se justifican diciendo que las mujeres no tenemos sentido del humor. No sé si estas personas han tomado conciencia de cómo el humor se ha convertido en un vehículo perfectamente legitimado por la sociedad para agredir.

Es muy importante entender que el humor sexista, como corrobora un estudio realizado en la Universidad de

Granada,[70] justifica la violencia contra las mujeres; los chistes sexistas, y este tipo de humor en todas sus vertientes, favorecen los mecanismos mentales que incitan a la violencia y al maltrato hacia las mujeres en aquellos sujetos que presentan actitudes machistas. El estudio demostró que quienes habían escuchado chistes machistas se mostraban mucho más tolerantes con la agresión a las mujeres que quienes no los habían escuchado. Incluso un informe del Alto Consejo para la Igualdad entre Mujeres y Hombres[71] de Francia especifica que los chistes e insultos machistas son la «matriz de las desigualdades». Apunta que este tipo de bromas y humor cuestionan la lucha contra el sexismo. El informe llega a la conclusión de que más de la mitad de los contenidos humorísticos analizados utilizó al menos un recurso sexista[72] y lo que más sorprende es la tolerancia de la sociedad hacia este tipo de recurso, que incide sobre la idea de que el espacio del humor es legítimo para perpetuar las agresiones sexistas.

El humor normaliza, aligera y, ante los ojos de muchas personas, quita hierro a problemas importantes. Sin embar-

70. Mónica Romero Sánchez, «Los chistes sexistas favorecen los mecanismos mentales que justifican la violencia hacia las mujeres, según un estudio», *Canal UGR*, 2009. Disponible en: <https://canal.ugr.es/prensa-y-comunicacion/noticias-ciencias-ugr/ciencias-sociales-economicas-y-juridicas/los-chistes-sexistas-favorecen-los-mecanismos-mentales-que-justifican-la-violencia-hacia-las-mujeres-segun-un-estudio/>.
71. Ver: <http://www.haut-conseil-egalite.gouv.fr/>.
72. Silvia Ayuso, «El sexismo no es ninguna broma», *El País*, 2019. Disponible en: <https://elpais.com/sociedad/2019/01/17/actualidad/1547740007_293497.html>.

go, no debemos olvidar que el humor también frivoliza y que en muchos casos legitima y dulcifica actitudes machistas. Y tenemos que recordar que buena parte del maltrato psicológico que sufren muchas mujeres se realiza a partir de «inofensivas» bromas. La hostilidad y el desprecio hacia las mujeres a veces se expresa a través del sarcasmo, la ironía, la burla, disfrazando de broma un ataque directo.

El espacio en la infancia/adolescencia: el colegio

Para ilustrar el tema del desigual reparto de los espacios, siempre recurro al estudio que realizaron Marina Subirats y Amparo Tomé:[73] analizaron el espacio que ocupaban las niñas y los niños en las aulas a través de un experimento. Dispusieron a niñas y niños compartiendo mesas y les pusieron a trabajar. Trazaron unas líneas imaginarias alrededor de ellas y ellos; todo parecía normal hasta que pronto empezaron a ver cómo los niños ocupaban el espacio de las niñas en la mesa y ellas cedían ese espacio sumisamente. Ampliaron el experimento de la mesa de trabajo a toda el aula y se dieron cuenta de que las niñas se levantaban a sacar punta a sus lápices y después volvían a su sitio mientras que los niños, para sacar punta a sus lápices, daban rodeos tanto a la ida como a la vuelta ocupando buena parte del espacio de la clase. En el

73. Marina Subirats y Amparo Tomé, *Balones fuera*, Barcelona: Octaedro, 2010.

patio, el reparto de los espacios era singularmente distinto: los niños solían ocupar todo el espacio central jugando a la pelota mientras que las niñas ocupaban los laterales jugando a la comba. A medida que crecían, los patios eran cada vez más excluyentes y, en etapas educativas avanzadas, los chicos juegan a la pelota en el centro mientras que las chicas se sientan en los bancos para hablar.

En el colegio El Martinet[74] tienen un proyecto educativo muy innovador y no se juega a la pelota: en su patio no hay canchas de fútbol ni de baloncesto. En este centro se hace deporte, pero no el tradicional con pelota; realizan deportes cooperativos que son mucho más inclusivos, como torneos de combas. No hay nada de malo en repensar los deportes que existen para dar espacio a otros menos invasivos, como correr, la gimnasia artística o deportiva, el baile, el yoga, el *fitness*, la capoeira, los saltos de longitud, el rocódromo… Los colegios[75] que han pensado sus patios para diversificar su uso confirman que hay más convivencia, menos segregación, que las criaturas que se quedaban

74. Ana Torres Menárguez, «El colegio público que ha desterrado la pelota», *El País*, 2019. Disponible en: <https://elpais.com/sociedad/2019/05/10/actualidad/1557488263_130279.html?id_externo_rsoc=FB_CC&fbclid=IwAR2t2Uh8H_TVbEk1UYC08fJ32kxSerf2ah0BL94eAXU3v-6uKw95c8rDlFI>.

75. Marta Borraz, «Patios feministas contra el monopolio del fútbol: así cambia el recreo cuando niños y niñas pueden jugar a más cosas», *eldiario.es*, 2019. Disponible en: <https://www.eldiario.es/sociedad/Patios-feministas-monopolio-futbol-cambia_0_907459365.html?fbclid=IwAR3-POce-TRNsN53_RePRQRVITVTGeGcrtsDXyZAZyAgC8QRSzSe_NISAXTY>.

solas o que apenas jugaban con otras niñas o niños ahora interactúan más y juegan más en grupo. Se han reducido los conflictos y ha aumentado la actividad física entre las niñas y niños que no jugaban al fútbol.

En el mismo estudio de Subirats y Tomé, comprobaron cómo el espacio verbal también lo ocupaban más los niños, no solo hablaban más en público, sino que hablaban más alto. Numerosos estudios en diferentes partes del mundo lo corroboran. Octavio Salazar puntualiza:

Un detalle que observo en clase es que los chicos suelen seguir ocupando el espacio público, aunque haya más alumnas y sean normalmente las mejores estudiantes. En los debates ellos son los que toman la palabra y casi dominan el uso de la palabra, aunque a veces digan tonterías. Incluso se apoyan entre ellos, mientras que ellas quedan en esa cultura del silencio, como si fueran a ser juzgadas de forma más estricta. Luego a solas sí que me cuentan cosas, pero en el debate se cortan. Creo que es un componente socializador y cultural tremendo que luego se refleja en la política, el poder, las instituciones.

La gran pregunta es: ¿por qué ocurre eso?, ¿quién les dice a las chicas que lo que van a decir es menos válido y quién les dice a los chicos que lo que van a decir ellos es importante?, ¿quién les dice que tienen el derecho a ocupar los espacios y quién las coarta a ellas para que no los ocupen? Ya lo hemos visto: desde que nacemos, la socialización de niñas y niños nos dice cuál es nuestro lugar en el mundo, nuestros límites, lo que podemos y no podemos hacer, hasta dónde podemos llegar, y lo asimilamos de forma completamente inconsciente. Esta inconsciencia hace que muchas personas resten importancia a estos detalles, por lo que no se toman medidas para solucionarlo. Esto ni siquiera se aprecia como sexismo y no se buscan maneras de solucionarlo. Algunos incluso dicen: «¿Y qué hacemos, mandar callar a los chicos? ¿Prohibirles que jueguen a la pelota? ¿Qué hacemos para que no ocupen todo el espacio central de un patio?».

El patio del colegio es un reflejo de la sociedad: los niños son estimulados desde que son pequeñitos a usarlo a su conveniencia, mientras que las niñas aprendemos a no molestar, porque, si molestamos, lo más normal es que nos llevemos un balonazo, una broma despiadada o incluso un insulto, y de esta forma nos adiestran para ocupar el lugar secundario mientras ellos ocupan el principal. Incluso los pocos niños que no juegan al fútbol aprenden a no ocupar esos espacios. Por ese motivo las personas responsables de la utilización de esos espacios deben intervenir para que sean igualitarios y evitar que se produzcan las flagrantes injusticias que vemos a diario: debemos redistribuir la organización de los patios de recreo e intervenir si los espacios están siendo ocupados de forma desigual. Los niños no pueden monopolizar el espacio central con la pelota, las niñas no pueden conformarse con un lateral para jugar a la comba o al pañuelo ni para hablar. Volvemos a la base de esta educación, la solidaridad y la empatía: no hay que mandar callar a los chicos, queremos empoderarlos a ellos también y, si les mandamos callar continuamente, es posible que se sientan ninguneados: tenemos que hacer que tanto los chicos como las chicas sean conscientes del problema, que sean ellos mismos los que se den cuenta de la desigualdad y la injusticia que se produce y aprendan a tomar decisiones para resolverlas. Los varones tienen que saber cuándo están hablando de más, cuándo están ocupando espacios que no les corresponden, y para ello es necesario cuestionarse constantemente a ellos mismos y todo lo que tienen alrededor.

Absolutamente todos los espacios de nuestra sociedad están ocupados de forma desigual. Lo importante es saber ver la desigualdad y buscar alternativas reales para equilibrar esos espacios, buscar qué puede estar en nuestra mano para subvertir la discrepancia.

APUNTES: ESPACIO EN EL COLEGIO

Analiza los espacios del colegio:

1. ¿Cómo está distribuido tu patio?

2. ¿A qué juegan las niñas y los niños en él?

3. Analiza un día en tu colegio y fíjate quién juega al fútbol o a la pelota, si hay más niñas o niños. Y quién juega a la comba o se para en los laterales a charlar. ¿Por qué crees que ocurre eso?

4. ¿Se te ocurre alguna manera de hacer el patio más inclusivo?

Esta actividad pretende que los niños cuestionen los espacios y sean ellos mismos los que analicen quién los utiliza y para qué, y decidan poner remedio a esa situación injusta.

Espacio en la educación

En el colegio, nuestras criaturas no solo aprenden de los espacios físicos, sino también de los simbólicos. Además del currículum oficial que se publica en el BOE, donde se muestran los contenidos mínimos que el alumnado debe aprender en las distintas áreas, enseñamos a nuestras criaturas el currículum oculto: los valores y las creencias que la escuela transmite de forma subrepticia y que la infancia y la adolescencia asimila e incorpora en su socialización. Por ejemplo, en los libros de texto no hay apenas representación de mujeres que hayan realizado aportaciones al mundo y, sin embargo, nos encontramos con cientos de hombres que sí que lo han hecho: políticos, gobernantes, científicos, escritores, artistas, pensadores, filósofos y otros protagonistas de la historia y de lo que se debe aprender en las escuelas. Esto forma parte del currículum oculto, los aprendizajes que asimilan las niñas y los niños en los centros cuando ni los mismos centros son conscientes de que lo están transmitiendo. De esta forma, mucha ideología se va filtrando sin que los propios docentes sean conscientes de eso. Así, les enseñan, además, que las mujeres son generalmente las profesoras y las que enseñan y cuidan, que los hombres tienen puestos de responsabilidad (centros en los que hay ochenta mujeres frente a veinte hombres y donde el director, el jefe de estudios y el secretario son hombres).

Las niñas apenas tienen referentes de mujeres que han sido líderes, que han realizado cambios en la sociedad o cuyos pensamientos hayan trascendido, y los niños también aprenden que las mujeres no existen en los espacios públicos. Eso influye en su percepción del mundo, insiste en la idea de que ellas están por detrás en la sociedad y ellos son los protagonistas.

APUNTES: EN BUSCA DE MUJERES OCULTAS

Cada vez que nuestro niño esté estudiando una asignatura donde aparezcan hombres importantes, vamos a hacer un esfuerzo por investigar con ellos por qué no aparecen mujeres en esa área. En ciencias podemos encontrar a muchas mujeres que han realizado importantes aportaciones; en historia tenemos que valorar a las mujeres silenciadas y analizar por qué no había mujeres en los espacios públicos. Nuestros niños deben ser críticos y realizar trabajos de investigación que incluyan a las mujeres en las diferentes áreas del conocimiento para que entiendan por qué apenas aparecen.

Espacio en la infancia/adolescencia: la ficción

Desde que mis hijas nacieron, he podido ver decenas de películas infantiles. Diría que cientos. Vamos al cine habitualmente y, además, en casa ponemos un montón de películas, incluso clásicos no infantiles. También se lee mucha literatura infantil: cuentos, álbumes ilustrados, cómics, novelas… En los últimos años he notado un gran avance en las tramas y personajes: de un mercado donde la mayoría de los productos estaban protagonizados por personajes masculinos hemos pasado a un mercado en el que cada vez hay más conciencia de las diferencias sexuales y se nota una intención generalizada de elaborar productos donde los personajes tengan peso y se alejen del rol sexual femenino.

Criaturas y adolescentes de todo el mundo pasan buena parte de su tiempo de ocio consumiendo lo que los medios de comunicación trasladan, ya sea a través de series de televisión, programas, *youtubers*, redes sociales, películas, libros, cómics, videojuegos…, y se dice que lo que aparece en los medios es lo que más educa a nuestra sociedad. ¿Todavía os preguntáis de dónde reciben los mensajes sexistas? Bob Esponja canta la canción *Un hombre soy* y, si os fijáis, en la letra dice cosas como «Somos invencibles», «Todo lo puedo hacer», «¡Ahora son hombres!, ¡todo lo lograrán! ¡Pasaron la prueba y la corona traerán!».

Sutil, ¿verdad?

La cultura y la creación artística es uno de los ámbitos donde se proyecta y construye el sexo: una mayor representación de un sexo en la ficción nos habla de si un producto cultural es sexista o no lo es, es decir, si las personas que lo ven están asimilando estereotipos y desigualdades cada vez que consumen este producto. El test de Bechdel se aplica al cine, pero es perfectamente exportable a la literatura o a cualquier creación de ficción; de hecho, nació en un cómic. Responde tres fáciles preguntas para averiguar si cumple la igualdad: debía haber al menos dos mujeres en la ficción, esas dos mujeres debían hablar entre ellas y el tema del que tratase la conversación no debería tratar de otros hombres (de cualquier tipo, incluidos su padre). Sin embargo, esta prueba ha quedado obsoleta porque no recoge claramente toda la desigualdad.

¿Cómo podemos identificar si estamos viendo un producto de ficción no sexista?

- Analizar si en toda la producción hay paridad en las personas que trabajan al frente y detrás del artefacto creado (película, libro, serie, etcétera).
- Observar a los personajes de mujeres principales y analizar si tienen su propia historia y su arco evolutivo propio. Cuanto más alejado esté del rol sexual destinado a la mujer, menos sexista será la producción: así, si la historia de la mujer depende de que se quede embarazada, encuentre pareja o se realice en el hogar, no estaríamos ante un producto muy sofisticado. Para que los roles cambien hay que crear personajes femeninos poderosos y que sean capaces de avanzar en sus vidas lejos del estereotipo esperado. También se agradece que la mujer no esté excesivamente sexualizada, que las haya de diversas razas y en situaciones diferentes, que no sean las creadoras del conflicto o que la trama personal no resida en la belleza, los cuidados o el amor.
- Fijarse en los personajes femeninos secundarios y valorar que cumplen con lo anterior.
- Los personajes masculinos también deben estar alejados del estereotipo, no deberían ser siempre los salvadores ni los musculados, protectores o los portadores de la razón frente a la sinrazón de las mujeres.

- Los personajes masculinos deben sentir emociones diversas, ser comunicativos y alejarse del rol sexual masculino o, al menos, ser críticos con él.

La ficción en la infancia es un potente socializador que les dice cuál es su lugar en la sociedad.

APUNTES: EL SEXISMO EN LA FICCIÓN

Vamos a investigar por qué hay ficción para chicas y para chicos.

1. Entra en una plataforma de entretenimiento *online*, puede ser Netflix, Clan, Disney o la que prefieras. Te reto a que identifiques, solo por el título y la imagen promocional, si la ficción está dirigida a chicas o chicos.

2. Entra en una librería y haz lo mismo. Identifica cada uno de los libros por su título y la imagen de cubierta y apunta al lado si es para chica o chico solo observando la portada.

3. Escoge tres ficciones que hayas identificado para chica y tres para chico. Pueden ser una serie, una peli y un libro. Lee la sinopsis y desarrolla la siguiente idea: ¿por qué crees que ese producto es para chicas o para chicos?, ¿qué elementos la convierten en un producto para un sexo determinado?

4. Diseña otro cartel promocional y, si es necesario, otro título para convertir ese producto de ficción en un producto sin sexo específico, atractivo tanto para chicas como para chicos.

5. Adolescencia: visualiza *Miss Representation*. Buscad conjuntamente estrategias a través de un *brainstorming* para encontrar soluciones a lo que plantea el documental.

El espacio en la infancia/adolescencia: el ocio

Hemos visto cómo en el colegio se reproducen las grandes diferenciaciones en la mayoría de los espacios, pero no podemos olvidar cómo estas diferencias se mantienen también en los espacios de ocio de las niñas y los niños. He sido testigo de cómo se han celebrado cumpleaños en centros de belleza y centros de princesas para niñas mientras que los niños lo hacían en circuitos de karts o en campos de fútbol. De cómo las niñas iban a ver *Frozen* al cine, mientras que los niños iban a ver *Cars*. Cómo una mañana de domingo ellos iban a cambiar cromos de *Pokémon*, mientras ellas intercambiaban cromos de muñecas *Lol*. Ellos montaban en monopatín y ellas en patines, ellos escalaban y ellas bailaban, ellos volaban drones y ellas hacían volteretas laterales, ellos jugaban al *Fortnite* y ellas a la Wii. Y, lo que es peor, aunque ellas representan el 48 % de la industria del videojuego,[76] deben enfrentarse a una industria donde la mujer aparece en un plano secundario y sumiso. Los intereses y la forma de ocio de las chicas y los chicos son diferentes e interfieren en cómo se construye su género.

76. Nuria Coronado Sopeña, «La industria del videojuego ningunea a la mujer», *Diario 16*, 2017. Disponible en: <https://diario16.com/la-industria-del-videojuego-ningunea-la-mujer/>.

APUNTES: EL OCIO DE LOS CHICOS

¿Cómo se divierten los chicos?

Vamos a pedirle a nuestro chico que haga una lista con dos columnas con los juegos de chicos y los juegos de chicas. De cada una de las dos listas, tiene que elegir tres, seis en total.

De esos seis juegos, tiene que buscar características que lo hagan divertido y características que no lo hagan divertido. Reservamos el juego de chica que haya sido mejor valorado.

1. Si unas niñas estuvieran jugando al juego más valorado, ¿jugarías con ellas?

2. Si la respuesta es no, ¿por qué no?

3. Si estás jugando a un juego de la columna de chicos y una chica quiere incorporarse, ¿podría hacerlo?

4. Si la respuesta es no, ¿por qué no?

La idea es que identifique por qué son juegos diferenciados y que encuentre cosas positivas en el juego de las chicas. También que tome conciencia de cómo los niños a veces no permiten que las niñas se incorporen a sus juegos.

Espacio del cuerpo de las mujeres

Este es el gran espacio conquistado por los hombres y la base de la opresión. El cuerpo de las mujeres es de los hombres. El cuerpo como un todo, parte por parte. Un hombre puede disponer de una mujer por un módico precio para cumplir cualquiera de sus objetivos: puede decirle a una mujer por la calle lo que quiera, puede abusar, agredir, violar, puede ver pornografía donde las mujeres se someten a la sexualidad masculina por dinero, puede alquilar una mujer en situación de prostitución, en la que las mujeres somos mercantilizadas, para vivir en sus propias carnes sus fantasías sexuales, puede alquilar el vientre de una mujer para tener sus propios hijos, puede decidir sobre el vientre de otras mujeres al opinar sobre el aborto, el embarazo, el parto o la lactancia. Puede tener una pareja con la que tener acceso sexual continuo, con la que tener criaturas y que esta se ocupe de ellas. Puede tener una novia a la que maltratar física y psicológicamente, una pareja a la que considera de su propiedad y con la que firmar un contrato por el cual ella le pertenece, algo que, aunque sea simbólico, se convierte la mayoría de las veces en una realidad. Solo a través del concepto del «amor» puede disponer de una mujer para que lo cuide, trabaje en su casa y se ocupe de sus criaturas. Este es el primer espacio, el principal, el personal y público, el colectivo.

Les interesan nuestros cuerpos cuando están a su servicio para parir, para complacer sus deseos sexuales o para cuidarlos. También les interesan para adornar en mítines, programas de televisión, entregas de premios a otros hombres y en cualquier evento donde el protagonista sea un hombre.

Las mujeres, por nuestra parte, hemos asumido con normalidad que la base de la identificación femenina es la belleza. Como bien dice Naomi Wolf, «la cirugía estética procesa los cuerpos de las mujeres en cuerpos de mujeres hechos a medida de los hombres». Los cuerpos de las mujeres perfectos en realidad no son belleza (la belleza es muy subjetiva y varía con los años), sino obediencia al patriarcado.

Desde la infancia los niños se sienten con el poder de tocar o manosear el cuerpo de las niñas. Desde la adolescencia, los hombres se sienten con el poder de decirles a las mujeres con quién pueden tener relaciones sexuales (cuando las llaman putas o frescas), si esas relaciones son demasiado habituales o no para ellos y están legitimados para poder puntuar su cuerpo, compararlo con el de otras mujeres y hacer listas. Entre otras muchas cosas, eso viene de la permisividad que existe desde que son pequeños con lo que es el cuerpo de una niña: se consiente que los niños levanten las faldas a las niñas, se consiente que las toquen, las agredan o puedan opinar sobre ellas. En lactancias prolongadas hay niños mayores que acceden al cuerpo de sus madres sin límites, que ponen siempre por delante sus intereses a los de la madre, sin su permiso explícito, y madres que muestran incomodidad por ello o que no muestran ningún tipo de incomodidad. De forma muy sutil, algunos niños van entendiendo que pueden tener acceso libre al cuerpo de las mujeres. Las niñas, que también pueden tener las mismas dinámicas en lactancias prolongadas, una vez superada la lactancia, no volverán a tener ese acceso libre al cuerpo de nadie, ni la sociedad las adiestrará para ello.

Por otro lado, la sociedad entera a través de los medios (redes sociales, películas, series, videojuegos, muñecas, programas, etcétera) enseña a las niñas desde que son muy pequeñas que lo más importante es el aspecto que tienen, y su valor e importancia reside en eso. Y, mientras que ellas aprenden a cuidarse físicamente para estar perfectas, los chicos reciben el mismo mensaje: el valor de una chica está en su aspecto físico. La sociedad es cada vez más exigente con cómo debe ser el cuerpo de las mujeres, y esto daña constantemente su autoestima. La mayoría de las mujeres que conozco sufrimos por no llegar al estándar de belleza que consideramos apropiado. Existe una lucha constante para ser cada vez más delgadas, cada vez más jóvenes y por encontrar el tratamiento de belleza más eficiente. Por su parte, los chicos reciben el mismo mensaje y esperan que las mujeres sean como las de las revistas, la pornografía, las series o los videojuegos. Y esta opresión que sufren las mujeres con su cuerpo cada vez se extiende más y empieza a perjudicar a los propios hombres, que poco a poco empiezan a sentirse apelados con respecto a los cuerpos normativos y comienzan a sufrir de forma desigual la presión de tener un cuerpo adecuado para el patriarcado.

APUNTES

Que un niño le toque el culo a una niña no es un juego de críos. Y es urgente pensar todas las cosas que no se le han enseñado a un niño desde que es pequeño para que se crea con el derecho a tocar el cuerpo de una niña.

Jamás debes permitir que un niño asuma que puede disponer del cuerpo de otras niñas. Si levanta una falda, si toca un culo, toca una cara, da un beso..., si realiza cualquier acto en el cuerpo de una niña sin un consentimiento expreso (da igual que la niña no se queje, estamos acostumbradas y adiestradas para no quejarnos y para decir que no ha pasado nada), no debemos consentirlo de ninguna manera.

Vamos a explicarles a los niños que el cuerpo de una niña no se toca nunca sin su consentimiento.

Desde la preadolescencia debemos explicarles lo que es la prostitución y la pornografía. Tienen que saber que son formas de explotación de las mujeres y que eso no es el sexo y que contribuye a que las mujeres permanezcan en situaciones vulnerables.

APUNTES: PREVENIR EL ACOSO A LAS CHICAS POR CÓMO VIVEN SU SEXUALIDAD

En la adolescencia visualizad el documental *Audrie y Daisy*. Cuenta la historia del *bullying* sexual que sufrieron dos adolescentes de Estados Unidos y de las terribles consecuencias derivadas de este.

Genera un debate con los chicos para desarrollar la empatía necesaria con estas dos chicas, que analicen su entorno y si identifican este tipo de comportamientos a su alrededor.

Espacio verbal y lingüístico

Hemos visto que los chicos hablan más en los espacios públicos que las chicas, pero el espacio que ocupa lo masculino no reside únicamente en el tiempo e intensidad con la que poseen la palabra, sino también en el lenguaje usado. Ya hemos visto que nuestra lengua se expresa en masculino genérico, por lo que la mayoría de las veces las chicas y mujeres quedan invisibilizadas al hablar. El lenguaje es el medio de comunicación más potente y no solo sirve para comunicarnos, sino que es un espejo de la sociedad: refleja lo que somos y cómo lo somos. Por eso, lo que no se nombra no existe, y durante siglos las mujeres hemos estado invisibilizadas en el lenguaje. Ha costado muchos años que la RAE aceptara términos como *jueza, abogada* o *médica*. E incluso hoy en día a muchas personas les cuesta usarlos. Pero todavía no tenemos un lenguaje que nos permita expresarnos en igualdad y tenemos que hacer un verdadero esfuerzo para integrar el femenino o un verdadero neutro en él.

Se habla en masculino y de forma consciente o inconsciente los varones lo saben. Cuando una profesora dice: «Todos los niños a comer», ellos están completamente seguros de que se refieren a ellos, pero muchas niñas dudarán (como he dudado yo muchas veces, y como dudan mis hijas, que tienen mucha más sensibilidad en este asunto del que tenía yo a esa edad) de si se refieren también a ellas.

No solo el lenguaje estándar es sexista porque solo nombra lo masculino, sino porque, además, nombra lo masculino primero, siempre. Cuando desdoblamos en un esfuerzo por incluir a las mujeres, de nuevo, ellos salen ganando. Mi hija mayor me hizo consciente de otra desigualdad que va de la mano de la anterior: cuando estudia gramática, siempre se estudian los determinantes, los pronombres, los artículos…, primero el masculino y luego el femenino.

No es lo mismo neutralizar que invisibilizar. Si decimos «clase política» en lugar de «políticos», se van a sentir incluidas todas las personas. De la misma manera, si no queremos estar desdoblando continuamente, se puede decir «infancia» en lugar de «niñas y niños», se puede decir «estudiantes» en lugar de «alumnas y alumnos», o, por ejemplo, «quienes viajan» en lugar de «viajeros».

El lenguaje inclusivo es fundamental para que los niños sean conscientes del espacio que ocupa lo masculino en todos los ámbitos y por ello es necesario detectarlo y corregirlo en la medida de lo posible.

> **APUNTES: LENGUAJE SEXISTA**
>
> Vamos a pedirles a los niños que busquen un texto de una noticia o de un libro, que detecten si es sexista y que elaboren un texto paralelo adaptándolo al lenguaje inclusivo.

Espacios de poder y opinión

Dice Carol Jenkins, fundadora y presidenta de Women's Media Center, que el 97 % de todo lo que sabemos de una o uno mismo, de nuestro país y de todo el mundo, tiene una perspectiva masculina. Los líderes que han formado el mundo que conocemos han sido hombres, políticos o empresarios bajo cuyos mandatos se ha construido lo que hoy conocemos como sociedad. Por este motivo, todo lo que conocemos está hecho desde un punto de vista masculino: los modelos de liderazgo, hasta hace muy poco, eran exclusivamente masculinos, por lo que, cuando una mujer conseguía llegar al poder, copiaba la forma de mandar de los hombres; afortunadamente, esto está cambiando y empezamos a ver mujeres líderes que sobresalen por ser empáticas, cooperativas, flexibles, que crean ambientes positivos donde las personas se sienten responsables de su trabajo.

Por otro lado, la opinión que ha surgido desde los medios de comunicación siempre ha sido masculina, por lo que la opinión que se ha formado la sociedad también lo ha sido. Poco a poco, mujeres responsables y feministas están tomando esos espacios y el mensaje está cambiando.

Por eso es fundamental ser críticos con respecto a lo que nuestras criaturas ven a su alrededor, para que se cuestionen la realidad con una perspectiva feminista.

Espacios del hogar

Uno de los espacios donde los hombres apenas tienen representación es en el hogar, en la tarea de los cuidados y en el trabajo doméstico. Este espacio es exclusivamente de las mujeres, que cuidamos y trabajamos en las tareas domésticas a la vez que también trabajamos fuera de casa en un trabajo remunerado. El gran avance del feminismo llegará cuando los hombres se corresponsabilicen de las tareas del hogar y los cuidados, por lo que nuestros niños tienen que empezar desde muy pequeños a colaborar en las tareas domésticas.

APUNTES

A. Mira las noticias esta noche y apunta en una libreta quiénes son los protagonistas y las protagonistas y qué papel tienen en la noticia.

Seguramente descubra que, cuando los hombres son protagonistas de las noticias, es porque son políticos o personajes públicos que han hecho algo relevante. También es posible que sean los perpetradores de algún delito. Las mujeres seguramente sean las víctimas y, en ocasiones, pioneras que han hecho algo relevante.

B. El feminismo requiere de mucha lectura y profundización para asimilar nuestra sociedad y los cambios pertinentes. Es importante, por eso, que quienes educamos tengamos presente constantemente enseñar a través del pensamiento crítico, haciendo que sean ellos mismos quienes se cuestionen todo.

Yo soy de la opinión de no censurar nada. Hay que ver y leer de todo para formarse un criterio, pero en mi caso tengo que decir que prefiero las lecturas transformadoras a las que me dejan indiferentes. Por eso vamos a hacer un ejercicio de pensamiento crítico con nuestras criaturas y el cuento de *Caperucita roja*, que generó un debate[77] hace poco.

Recuperad la historia en la variedad que más os guste (Perrault para las más osadas, los hermanos Grimm o incluso la versión edulcorada) y apuntad en un papel todo lo que veáis que son mensajes dirigidos a las niñas. Analizad cuál es el mensaje final y toda la simbología del cuento. ¿Qué mensaje pretende dar el cuento a las niñas? Y, por extensión, ¿qué tipo de hombre proyecta la historia?

77. Lina Gálvez, «Aprender a leer», *eldiario.es*, 2019. Disponible en: <https://www.eldiario.es/zonacritica/Aprender-leer_6_888271174.html>.

5.
Criar a un niño con opciones

Educad a los niños y no será necesario castigar a los hombres.

PITÁGORAS

¿Quién iba a decirle a la familia de Rosa Parks que esta niña negra criada en Alabama sería una activista por los derechos civiles en Estados Unidos? Nelson Mandela, Olympe de Gouges, Malala Yousafzai, Gandhi (pacifista, aunque profundamente misógino), Rigoberta Menchú, Berta Cáceres… son personas que han pasado a la historia por aportar un cambio significativo a la humanidad. Independientemente de cómo fueron las infancias de las personas que han empujado para que el mundo cambiara a mejor, estoy segura de que en su casa jamás habrían pensado que sus criaturas iban a formar parte del cambio. Sin embargo, día a día personas de todo tipo y en todas las partes del mundo hacen pequeños ajustes en su entorno que tienen un impacto brutal en las vidas de muchas personas y se convierten en pequeños motores del cambio. Desde el profesor que incorpora a las mujeres científicas en su clase de biología hasta la propietaria que convence a la comunidad vecinal para poner paneles solares. Cada gesto cuenta. De modo que sí, tenemos una gran responsabilidad entre manos cuando tenemos a nuestros pequeños a nuestro cargo, y nuestro compromiso es alentarlos para que sean personas capaces de mejorar nuestro mundo. Y, para mejorar nuestro mundo, deben saber que ellos deben tener la iniciativa y la responsabilidad de que las cosas sucedan. Debemos educarlos en un optimismo crítico que impulse un verdadero cambio social. No todos los niños (y niñas) serán Greta Thunberg, pero ¿de verdad pensáis que Greta Thunberg no va a conseguir nada en su lucha por el medioambiente? Como ella misma dice,[78] cada gran cambio en la historia ha venido del pueblo.

Las familias somos responsables de cómo contribuimos a la educación de niños y niñas, pero, igual que el colegio, el entorno, los medios y las amistades, todas y todos sumamos a la hora de construir su rol sexual. Por eso es prioritario tomar conciencia.

Lo colectivo por delante de lo individual

Lo primero que tienen que aprender los niños es el impacto que tiene cada paso que dan en el bienestar social. Es decir,

---

78. Fernando Peinado, «Greta Thunberg: "Cada gran cambio en la Historia ha venido del pueblo"», *El País*, 2019. Disponible en: <https://elpais.com/sociedad/2019/12/10/actualidad/1576011896_293446.html>.

deben ser conscientes de que sus acciones y decisiones tienen repercusiones en otras personas y deben valorar qué tipo de consecuencias provocan.

Ritxar Bacete cuenta la anécdota de un grupo de niñas y niños de la India a quienes proponen un juego: quien corra más rápido y llegue primero a la meta ganará una cesta de frutas. El grupo de criaturas se miran entre ellas y deciden correr de la mano para, de esta forma, ganar el cesto de fruta para todas. Esta es la actitud de las personas que ponen por delante lo colectivo a lo individual, y se llama solidaridad: nuestro niño tiene que entender que, en la vida, debemos luchar para que todas las personas mejoren y no solo uno mismo. En África se llama *ubuntu,* una actitud mental que tienen las personas que son empáticas, que están disponibles para las demás, que no se sienten amenazadas por los éxitos de otros, que son humildes y conciben un pensamiento colectivo en el que, si no ganan todas las personas, no gana ninguna.

¿Recordáis el *ganar/ganar* de Covey? Si enseñamos a nuestros niños que la mejor opción es que ganen todas las partes, se convertirán en personas solidarias.

Cooperación

Debemos ser conscientes de que la unión siempre suma. Pero tendríamos que asumir que hay personas que, a pesar de tener muy clara su filosofía de *ganar/ganar,* en realidad no

quieren escuchar y sencillamente quieren salirse con la suya.
Para empezar, tenemos que sentar las bases de una cooperación sana que consiste en valorar las diferencias y en creer
de verdad en las sinergias de la complementariedad. Para eso
es fundamental la humildad y que nuestros niños sepan que
las diferencias aumentan su comprensión de la realidad y sus
conocimientos. Si hay niñas o niños diferentes a su alrededor, les van a aportar mucho más, en los juegos y en la vida.

Empatía, compasión, solidaridad

Para enseñarle lo que es la solidaridad a un niño, primero
tenemos que enseñar lo que es la **empatía**: la capacidad de
ponernos en el lugar de otra persona, sin juzgar, cogien-
do perspectiva y reconociendo sus emociones. No se trata
de intentar ayudar a esa persona ni de consolarla, sino que
sienta que la entiendes y la acompañas. Esta capacidad es
posiblemente la más importante que tienen que adquirir
nuestros niños y la base de una educación emocional sana.
Si tiene empatía, el niño entenderá cómo se sienten las personas, sus emociones, y eso le producirá **compasión**, una
capacidad con la que sentirá tristeza si otra persona lo está
pasando mal y querrá eliminar el sufrimiento y transmitir
calma y bienestar.

Es necesario que vea en casa, en el colegio, en la familia,
en su entorno, en la ficción, cómo las personas se preocupan
por otras y hacen esfuerzos por aliviar esos malestares en la

medida en la que está en su mano repararlo. Con estas dos capacidades, los niños entenderán mucho mejor la **solidaridad**: el apoyo y la ayuda que se presta a otras personas sin recibir nada a cambio. Debemos explicarle la diferencia entre la solidaridad y la caridad, tal como manifestaba Eduardo Galeano: la caridad es humillante porque se ejerce verticalmente y desde arriba hacia abajo; la solidaridad es horizontal e implica respeto al otro. Un ejemplo que podemos ponerles es que solidaridad es pagar los impuestos que nos corresponden para que a través de la gestión pública todas las personas se beneficien de un sistema de bienestar, asociarse a ONG o contribuir a la sociedad con un voluntariado o aportando, mientras que la caridad es dar una limosna desde una situación de poder a otras personas más desfavorecidas porque los sentimientos religiosos, morales o éticos así lo exigen. Ser caritativo, pues, te salvará del infierno (algo que solo te beneficia a ti), mientras que la solidaridad no te salva del infierno pero te hace sentir parte del cambio hacia una sociedad mejor.

APUNTES

Nuestros niños tienen que cuestionarse el mundo, y por eso es necesario que les enseñemos cómo es el mundo: tienen que ser conscientes de cómo viven otras personas y por qué viven así, y las formas que existen para aliviar su situación.

A. Infancia. Visualiza el documental *Camino a la escuela*. Es una buena manera de que los niños vean las dificultades que tiene la infancia en otros países para acceder a la educación. Plantéales la oportunidad de buscar soluciones a sus problemas que no sean darles dinero y que impliquen un esfuerzo colectivo por nuestra parte como sociedad.

B. Adolescencia. Busca información sobre la mutilación genital femenina y haz que opinen sobre ella. Después busca otras tradiciones que se realicen que estén completamente aceptadas en nuestra sociedad y que es necesario cuestionarse.

Autoestima, no narcisismo

En este punto me parece necesario explicar la diferencia entre trabajar una sana autoestima, como diferencia la psicóloga Mónica Manrique, y fomentar el narcisismo. Ya hemos visto que el narcisismo es una cualidad extremadamente negativa y peligrosa que se produce en personas adultas cuando la familia alaba a sus hijos en exceso, les transmite que son superiores a los demás y que deben ser tratados de un modo especial o tener más derechos. También puede ocurrir, al contrario, en niños que no se sienten queridos. Esto hace que, cuando son adultos, piensen que son personas superiores y actúen como tales, oprimiendo y dominando. La autoestima, por el contrario, es fundamental para educar a niños felices, y es la percepción, el sentimiento y la valoración positiva que tenemos las personas sobre nosotras mismas.

- Los niños tienen que sentirse seguros y queridos siempre.
- Su familia tiene que pasar tiempo con ellos para que se sientan valorados.

- Deben saber cuáles son los límites y cumplirlos, y la familia debe corregir sus errores con firmeza y cariño.
- Es importante que sientan que su esfuerzo vale la pena, no tanto los resultados.
- Tienen que sentir que todas sus emociones son válidas.
- Deben ser autónomos, en la medida de lo posible, para que sepan que son capaces de valerse por ellos mismos.

> **APUNTES**
>
> Pídele que se dibuje a sí mismo en un papel y que dibuje o escriba alrededor todo lo bueno que tiene, tanto físico como sobre su personalidad o aptitudes. También tiene que dibujar o apuntar las cosas negativas que cree que tiene. Lo importante es que las cosas negativas sean pequeñas y pocas, mientras que lo positivo sobresalga.

Respetar a las personas

Nuestros niños tienen que aprender a respetar a todas las personas y a sí mismos. Pero cuidado con confundirlo con la tolerancia: *tolerar* significa *soportar*. No queremos que nuestros niños *toleren* a otras personas, queremos que, de verdad, acepten sin prejuicios a otras personas y aprendan a tratar bien a la gente. Para ello, vamos a centrarnos en algunos valores fundamentales.

Amabilidad. «Buenos días», «gracias», «por favor»…, parece obvio, ¿verdad? Pedir las cosas con respeto no es tan habitual y tienen que saber que es la única forma de hacerlo y, para empezar, debemos enseñar con el ejemplo. También se pregunta si a la otra persona le apetece hacer algo o si todas las personas estamos de acuerdo con las reglas del juego. Esto es fundamental para la vida y para prevenir las relaciones sexuales consentidas, pero no deseadas, por ejemplo.

Presentarse, presentar a otras personas, saber responder cuando alguien intenta persuadirles o saber expresar el afecto son también formas amables de convivencia. Y, ojo, muchas personas ejercen la amabilidad de forma pública, saludando en la calle o al llegar al trabajo, pero no lo hacen de forma privada y se olvidan de la amabilidad en casa con las personas que quieren. Por eso debemos fomentar en casa las formas cordiales y cariñosas.

APUNTES

Vamos a realizar la técnica del abanico.[79]

Se coloca a un grupo de niños y niñas en círculo o en un cuadrado, donde se vean todos. En un papel cada uno pone su nombre y se pasa ese papel a la compañera o compañero de la derecha. Esta persona tendrá que escribir en el papel tres aspectos positivos del dueño del folio: algo bueno de su aspecto físico, de su forma de ser y de algo que hace bien. Al terminar, se tapa esa parte del folio como si fuera un abanico. Se vuelve a pasar el folio y todas las personas van apuntando por turnos. Al final lo desdoblamos y leemos en alto.

79. Mónica Manrique, «Madres y padres en apuros». https://padresen apuros.monicamanrique.com/

Asertividad. Es una habilidad social que consiste en expresar nuestros sentimientos y emociones, las decisiones que tomamos o nuestras opiniones, defendiendo nuestros derechos y, a la vez, respetando a los demás. Las personas que comunican con asertividad no atacan ni manipulan ni perjudican a otras personas, defienden sus convicciones de forma directa y equilibrada, sin que la persona de enfrente se sienta agredida o se ofenda. Los niños tienen que aprender:

- Que pueden expresar su sentir o sus emociones.
- Que nadie puede leer su mente, así que deben decir lo que tengan que decir de la mejor manera posible.
- A decir que *no*.
- A hacer una crítica.
- A recibir una crítica.

APUNTES

Vamos a practicar la asertividad. Le preguntamos a un niño sobre alguna situación que haya vivido y que le haya hecho sentirse mal. Por ejemplo, un niño del colegio le ha quitado la pelota o su hermana le ha roto su juguete favorito. ¿Cuál fue su reacción? Seguramente reaccionó con rabia e ira.

Vamos a practicar, en un juego de rol, cómo sería una comunicación asertiva. Rememoramos ese momento y le vamos a pedir que le diga a esa persona lo que siente de forma asertiva, sin agresividad, sin ira, de forma directa.

Para practicar el decir que no, vamos a asegurarnos de que saben que pueden decidir no hacer algo si no quieren o les hace

> sentir incómodos. La forma de decirlo es importante, por lo que vamos a trabajar la asertividad, para, por ejemplo, negarse ir a casa de un amiguito a dormir porque no le apetece. En un juego de rol, su amiguito le invita a dormir y él tiene que decirle que no le apetece dormir, pero que le encantará pasar la tarde jugando en su casa, por ejemplo.
>
> También tienen que saber que, cuando la asertividad no funciona (por ejemplo, cuando otra persona quiere abusar de él y en situaciones límite), se puede gritar y patalear.

Escucha activa. La escucha no es solo un *input* que hay que trabajar sin más. Debemos convencernos de que es realmente importante escuchar a las personas que tenemos alrededor, concentrar nuestra atención en lo que dicen, porque de verdad nos van a transmitir conocimientos y puntos de vista interesantes. La persona que nos habla debe ser consciente de que escuchamos, por eso nuestra atención debe ser plena, nuestro lenguaje no verbal debe transmitirle que estamos pendientes de lo que nos dice, mantener el contacto visual. Hay que verbalizar la respuesta a lo que nos cuenta, hacer preguntas que tengan que ver con lo que dice y reforzar su discurso.

Dice Covey[80] que las personas deben buscar primero entender y luego ser entendidas. Cuando nos comunicamos con las personas, suele ocurrir que nos precipitamos a arre-

---

80. Stephen R. Covey, *7 hábitos de la gente altamente efectiva*, Barcelona: Paidós Ibérica, 2017.

glar las cosas con un consejo. Sin embargo, pocas veces nos tomamos un tiempo para diagnosticar, profundizar y entender realmente el problema. Por eso entender primero es la clave de una comunicación interpersonal efectiva. Escuchar con empatía significa un cambio de paradigma: normalmente intentamos ser comprendidos y la mayoría de las personas no escuchan para comprender, sino para contestar, lo filtran a través de sus propias vivencias para identificarse rápidamente y contar su experiencia. El cambio reside en que tenemos que enseñar a nuestros niños a escuchar con empatía para comprender lo que siente la persona de enfrente y después podremos centrarnos en influir o en resolver los problemas. Podemos pedirle que la próxima vez que escuche a alguien, aunque no le esté contando un problema, sea empático, que deje de lado lo que él quiera decir e intente comprender, que no presione, que sea paciente y respetuoso.

APUNTES

Una de las cosas que más cuesta a la hora de ser asertivos es encajar las críticas ajenas. Lo primero que los niños tienen que identificar es quién realiza esa crítica: si es una persona que los quiere, seguramente el comentario sea para sumar y ayudar, por eso es importante distinguir las opiniones de otros sobre uno mismo que van a ayudarnos a ser mejor persona y que son oportunidades para crecer de las opiniones gratuitas y sin fundamento de otras personas. Los niños deben aprender a asumir las críticas de los que los quieren como oportunidades de crecimiento y deben aprender a saber reconocer los errores propios.

Debemos explicar lo que es una crítica hecha con respeto.

En círculo, cada uno hace una crítica a su compañero de la derecha de tal manera que todos hagan y reciban críticas de forma asertiva.

Honestidad. Es una cualidad a través de la cual las personas conectan lo que sienten con lo que dicen o hacen. Además, las personas honestas son sinceras y justas, respetan las normas de convivencia social y actúan no para beneficiarse ellas mismas, sino para un beneficio colectivo. Para ser honesto, todo lo anterior suma: la asertividad, la empatía, la amabilidad… Es importante que los niños sepan que tienen que decir siempre la verdad, que deben ayudar a los demás, generar confianza y hacerlos conscientes de las consecuencias que puede tener la mentira, el tratar mal a alguien o el chantaje.

APUNTES

Eneko Lambea es campeón de España de gimnasia rítmica, y su madre explicó la gran cantidad de insultos[81] que ha recibido desde que empezó. Las frases que se oían eran del tipo: «A estos padres habría que darles un par de hostias para que saquen a su hijo de ahí» o «Se le pasaba la tontería con un par de tortas» o «Por culpa de ese niño a mi hijo le está gustando esto». Desde «Eres un maricón» o «Eres una nena» para arriba.

81. Mamen Hidalgo, «Así desafían los estereotipos los niños que practican gimnasia rítmica: «Sufren más insultos de lo que la gente imagina»», *eldiario.es*, 2019. Disponible en: <https://www.eldiario.es/sociedad/hombres-igualdad-gimnasia-ritmica-valientes_0_909559248.html>.

- ¿Crees que es positivo que existan referentes como Eneko?
- Si tú fueses Eneko, ¿te afectarían esos insultos?
- ¿De qué forma crees que se puede educar a las personas para que no piensen que la gimnasia rítmica es cosa de chicas?

Enseñamos habilidades emocionales

Nuestros niños deberían aprender a identificar e influir en sus propias emociones. Ya les hemos dicho que sentir es bueno, que si se sienten tristes, pueden llorar y, si se sienten entusiasmados, pueden demostrarlo. La base de una buena gestión emocional radica en dos puntos:

- El autoconocimiento y la autogestión, conocerse, comprender nuestras emociones para aprender a regularlas y gestionarlas.
- Saber gestionar las relaciones interpersonales.
- Automotivación.
- Empatía.
- Habilidades sociales.

Autocontrol. Mónica Manrique prefiere llamar al *autocontrol* gestión de las emociones, ya que, cuanto más intentas controlar las emociones, más fácil es que se descontrolen todavía más. Para explicarlo usa una metáfora muy visual, la metáfora del robot: las personas no somos robots que podemos apagarnos o encendernos con un botón de *on* y *off*. Nos parecemos más a un velero, donde, sea como sea el viento, podemos manejar las velas para llegar al destino al que queremos llegar. De esta forma, deben aprender a dominarse a sí mismos, controlar sus arrebatos emocionales, saber gestionar la intensidad y aprender a calmarse. Ya sabemos que el enfado o la ira son emociones válidas, pero es fundamental aprender a controlarlas. Saber manejarlas es una cuestión de práctica y de mucho tiempo, pero es bueno empezar cuanto antes. Las técnicas de relajación y conciencia plena son muy efectivas en estos casos, porque ayudan a evitar el efecto en bucle que sucede durante el enfado. La doctora Diane Tice descubrió que expresar el enfado, a pesar de lo que nos han inculcado, no ayuda a reducirlo, sino todo lo contrario: la persona se retroalimenta con su propia ira. Con la tristeza ocurre algo parecido, recluirse solo ayuda a aislarse más y sentir más la soledad. Tenemos que enseñar a nuestros niños que muchas veces está en ellos la capacidad de decidir cómo les afectan las cosas que les ocurren.

Habilidades sociales. Son las conductas que se manifiestan en situaciones interpersonales, y lo ideal es que los niños aprendan a tener relaciones de calidad y a establecer vínculos con las personas. Para tener unas buenas habilidades sociales, no podemos perder de vista muchas de las que hemos visto antes: la empatía, la asertividad, la amabilidad, la expresión de los sentimientos… Podemos añadir algunas interesantes que les pueden servir mucho, como aprender a resolver conflictos, técnicas de negociación, saber gestionar sus emociones cuando algún amigo o amiga les deje de lado, aprender a tomar decisiones, solucionar la vergüenza, saber mantener una conversación, saber responder ante el fracaso y, una de las más importantes, otorgarles herramientas para hacer frente a las presiones de grupo y también tener derecho a ser introvertidos.

Enseñamos humildad frente al liderazgo

El empoderamiento femenino ha sido una consecuencia directa de la presión del movimiento feminista por hacer que las mujeres busquen la forma de emanciparse, porque durante siglos se les había negado tener el control de sus vidas y sus decisiones. Pero ese empoderamiento es perfectamente extrapolable a los niños varones si tenemos muy presente cómo debería ser un liderazgo igualitario y en positivo. Para que un liderazgo sea positivo y no negativo (y se convierta en un mandón egocéntrico), es importante tener presentes una serie de conceptos.

Es importante que los niños se sientan escuchados, por lo que hay que preguntarles y respetar sus decisiones, siempre y cuando sea conveniente. También es bueno que aprendan a relajarse.

Para empezar, un niño líder debe conocer sus propias limitaciones, apreciar la diversidad y los recursos de las personas que tiene a su alrededor. Debe saber que para llegar a un buen fin el trabajo en equipo es indispensable, que necesita conocer técnicas de negociación y resolución de conflictos y debe tener confianza en sí mismo para tomar decisiones. También debe asegurarse de proteger al resto del equipo y prestar apoyo a otras criaturas con dificultades. Se tiene que cuestionar las cosas, debe respetar las reglas y no tener miedo a fallar. Los mejores líderes tienen vocación de servicio y saben repartir el liderazgo.

APUNTES

Adolescencia. Visualizad el cortometraje *Una revolución en toda regla* y analizad cómo se ha producido una mejora en la sociedad gracias a la solidaridad.

Enseñamos a los niños a ser felices

Una de las bases, sino la principal, de nuestras vidas es la de ser felices. La filósofa Maite Larrauri, en un programa de radio en el que hablaba sobre la felicidad según Spinoza, contaba un ejemplo al que siempre recurro: te imaginas una mañana soleada, estás cerca de la playa y te estás visualizando tumbada bajo el sol leyendo tu libro favorito, así que coges tu toalla, tu libro y te vas a un rincón perfecto de la playa donde sopla una brisa refrescante. Una vez que te instalas allí y comienzas a leer, aparece una familia enorme que acampa a tu lado con niñas y niños corriendo, salpicando agua, sacudiendo arena, gritando, chillando… Parece que en tu día perfecto de playa tienes tres opciones:

La primera es irte. Pero, si eliges esta opción, habrás dejado pasar tu rato de felicidad y saldrás de la playa farfullando.

La segunda es levantarte y regañar a la familia para que controlen a sus criaturas y dejen de molestarte. Pero, claro, estás generando un enfrentamiento cuando esas personas están disfrutando de la playa igual que tú y tienen todo el derecho a que jueguen.

Y la tercera opción es que nada de lo que ocurra a tu alrededor te ensombrezca ese momento. Así que continúas con tu lectura y tu día de playa sin que esa familia te perturbe. Porque tenemos la capacidad de decidir cómo nos afectan las cosas.

Qué difícil, ¿verdad? Puede ser, pero nadie dijo que ser feliz fuera fácil, ¿cierto? Las personas, la mayoría de las veces, tenemos la capacidad de decidir cómo nos afectan las cosas. Algunas personas adultas que tenemos un fin muy claro, como la felicidad, vamos consiguiendo poco a poco éxitos de este tipo. Sin embargo, a los niños podemos educarlos para que busquen su felicidad desde que son pequeños, que asuman que la verdadera felicidad está basada en el respeto y el amor verdadero hacia las personas que tenemos alrededor. Y su felicidad será la felicidad de las personas que tienen al lado.

APUNTES

En la película *Mujeres del siglo xx*, el hijo de Annette Bening, durante la adolescencia, empieza a comportarse como dicta la masculinidad: asume riesgos, fastidia a las personas que tiene a su alrededor, desobedece a su madre... Ella coloca a un hombre a su lado, pero este no congenia con el chico. Ella decide entonces crear un entorno para convertirlo en un buen hombre y les pide a dos chicas de su entorno que la ayuden en eso.

Una de ellas pregunta: «¿No es mejor un hombre para educar a un hombre?». Annette Bening contesta: «No».

Su madre le dice que los hombres creen que o resuelven los problemas de las mujeres o no sirven para nada. Sin embargo, a veces hay problemas que no se pueden resolver y solo necesitan el apoyo de las mujeres. Jamie le contesta: «Mamá, yo no soy todos los hombres». Y ella le contesta: «Bueno. Sí y no».

Analiza lo que significa esta conversación.

6

El poder de cuidar
y organizar el hogar

El deseo de los hombres de reclamar a sus hijos puede ser el impulso crucial de la vida civilizada.

GEORGE GILDER

El rol sexual de la masculinidad tiene vetado a los varones los trabajos del hogar y los cuidados, que, en realidad, son grandes actos de amor cuando se dirigen a personas de nuestro entorno. Un hombre sensible a este tipo de cuestiones suele ser minusvalorado por el resto de sus iguales.

Fijaos en el personaje de Phil Dunphy en la serie *Modern Family*: desafía constantemente la masculinidad porque su perfil se aleja de lo que se supone que debería ser un hombre, y parece que gestiona bien las emociones y las habilidades sociales. ¿Qué le hace a Dunphy ser un hombre *poco masculino*? La sensibilidad, el buen humor, su capacidad de empatizar con otras personas, su afán de colaborar y agradar…, en definitiva, lo que históricamente hemos sido las mujeres, aunque mantiene ciertos comportamientos poco cooperativos con su pareja, como no ejercer la autoridad con sus criaturas y en ocasiones tiene comportamientos inmaduros. Las veces en que Phil sucumbe a la masculinidad no obtiene un buen resultado. Se fuerza a sí mismo para parecer *más hombre*, pero lo hace siempre para satisfacer a los demás y nunca a sí mismo. Esa forma diferente de *ser un hombre* hace que muchas veces sea el blanco de las burlas de los miembros de su familia, especialmente de su suegro Jay (ejemplo de masculinidad), que no lo ve lo *suficientemente hombre*. Pero Phil es un padre responsable, presente, con ganas de colaborar y, cuando su pareja se incorpora al mundo laboral, asume su parte de trabajo en el hogar. Y es precisamente este perfil generoso y complaciente el que lo convierte en una caricatura. Todavía hoy no está normalizado el hombre que se responsabiliza de su casa y de su familia. ¿Por qué? Porque, en el fondo, tenemos interiorizado que el hombre no cuida.

Podemos ver el efecto contrario en el corto *Madre* de Rodrigo Sorogoyen, un *thriller* psicológico que condensa en diecisiete minutos dos ideas con respecto a los hombres: un padre irresponsable y un hombre desconocido que se presupone malo. Esto es así porque en nuestro imaginario la ecuación de un hombre solo y un niño da como resultado una situación conflictiva. Se insinúa que hay un niño de seis años solo en una playa y un hombre que le está buscando. No sabemos nada de ese hombre, pero asumimos que no hará nada bueno con el niño, porque la vida nos ha enseñado que un hombre desconocido con un niño no tendrá buenas intenciones. Y, por el contrario, sabemos que la madre hará todo lo posible por encontrar a su hijo. Su padre, por otro lado, ha desaparecido de la ecuación y se le considera irresponsable.

Todas las personas lo asumimos: los hombres no cuidan y no hacen los trabajos de la casa.

Un trabajo de mujeres

Las mujeres somos las que nos ocupamos mayoritariamente del trabajo doméstico y de cuidados, pero ¿qué tiene esto que ver con nuestro sexo de nacimiento? Las mujeres nos hacemos cargo de estos trabajos porque somos mujeres. Puede parecer una afirmación obvia, pero, para entenderla, debemos afirmar también lo contrario: que los hombres se libran de ejecutar estos trabajos porque son hombres. Esto es el género en estado puro, y esto es lo que se pretende eliminar por encima de todas las cosas: que por ser mujeres nosotras seamos las responsables principales de los trabajos de cuidado y domésticos y que por ser hombres ellos se libren mayoritariamente de la carga mental y física que supone ocuparse de la casa, la familia, la gestión de todo lo que hay alrededor y el cuidado de todas las personas que dependen de ti. Los hombres ocupan el espacio público mientras que las mujeres ocupan el espacio privado: ellos son productivos para el capital y proveen de dinero y ellas organizan el hogar y la familia. El conflicto ha llegado cuando las mujeres se han dado cuenta de que para emanciparse deben ser económicamente independientes, por lo que necesitan ocupar el espacio público y ser productivas no solo a nivel doméstico, sino también a nivel social. Mientras que las mujeres hemos salido a ese espacio, los hombres no han entrado en el hogar para corresponsabilizarse de su parte. Esta desigualdad, que puede parecer superflua, es el germen del resto de las injusticias. Porque esto es el género.

Si nuestra misión es eliminar el género y educar de forma realmente neutra para que todas las desigualdades desaparezcan, en el recorrido de esta educación debemos tener presente que el trabajo doméstico y de cuidados es clave. El sistema patriarcal y el sistema capitalista están estructurados de tal forma que necesitan que alguien realice un trabajo imprescindible para la sociedad, pero que es invisible y no está remunerado. El género también se construye a través de la economía, y el trabajo doméstico y de cuidados están completamente relacionados con ella. La división sexual del trabajo nos coloca a las mujeres en el trabajo invisible y no remunerado de limpieza, gestión, organización, cocina y cuidado de criaturas y personas dependientes.

Para entender la poca importancia que la sociedad otorga a estas cuestiones, nada como ver el sueldo que las mujeres reciben cuando realizan este tipo de profesiones feminizadas, mucho menor que el de los trabajos realizados históricamente por los hombres:[82] está menos valorado

---

82. Ricardo Morón Prieto, «Se paga más a quien cuida el coche que a quien cuida de los hijos», *El País*, 2019. Disponible en: <https://elpais.com/sociedad/2019/05/22/actualidad/1558545651_769220.html?id_externo_

cuidar de un bebé que reparar un coche. Y las mujeres suelen ser las que se ocupan de los bebés y los hombres, de reparar los coches.

¿Y por qué ocurre esto? ¿Está en nuestra naturaleza cuidar y ocuparnos del trabajo doméstico? La naturaleza, a pesar de lo que muchas personas piensan, y tal como hemos visto, nos dice que no.

Del género (como categoría taxonómica) de los primates homínidos sale la especie de los bonobos (*Pan paniscus*) y la del chimpancé común (*Pan troglodytes*); científicamente, está demostrado que el ser humano comparte el 98 o 99 % del genoma con este género. Por este motivo, me parece interesante conocer cómo de diferentes son ambas especies en lo que se refiere a su organización y estructura social. Tal como cuenta el primatólogo y etólogo Frans de Waal,[83] la especie bonobo es ginocéntrica frente al androcentrismo de la especie del chimpancé común. Entre los bonobos no se producen guerras a muerte, apenas cazan y los machos no dominan a las hembras.

La dominación femenina colectiva en las comunidades de bonobos es bien conocida; de hecho, en los zoológicos existen estudios que demuestran que los chimpancés machos reclamarían toda la comida para ellos, mientras que a un bonobo macho en las mismas circunstancias ni siquiera

rsoc=FB_CM&fbclid=IwAR3PQyxULlyHwx5tb4P6984AJEpmJ-SWE-KXMk2KGZSPjTWYzAj1gWA7xEkQ>.
83. Frans de Waal, *El mono que llevamos dentro*, Barcelona: Tusquets, 2007.

se le permitiría acercarse a la comida. Pero, entonces, ¿qué tiene de bueno ser un bonobo macho?

De Waal comprobó que los chimpancés machos están mucho más estresados que los bonobos machos; la proporción de hembras y machos adultos en los bonobos es de uno a uno, frente al doble de hembras en los chimpancés. Esto se debe a que existe mayor índice de mortalidad entre los chimpancés machos, algo que no sorprende al primatólogo, puesto que lo achaca a las continuas luchas de poder y a las guerras entre comunidades de chimpancés. En definitiva, los bonobos machos viven más y mejor que los chimpancés.

Los seres humanos compartimos genoma con ambos, ¿y si creáramos una sociedad más bonobo y menos chimpancé?

Reorganizar los juegos

Los padres de Mateo están encantados porque su hijo ha pedido a un kit de limpieza por su cumpleaños. Le han comprado una escoba, su recogedor, la fregona y el cubo, y Mateo se pasa los ratitos barriendo la cocina y fregando los suelos con agua enjabonada. Además, tiene una cocinita y prepara las comidas a sus muñecos, a los que cambia los pañales y da de comer a cada rato. Pues tenemos dos opciones: o es una fase que se le pasará pronto y antes o después asumirá que los niños no hacen esas cosas y dejará de hacerlo o Mateo es un niño que desde que es pequeño ha entendido que el trabajo doméstico y de cuidados nos involucra a todas las personas.

Muchos niños piden cocinitas por su cumpleaños o accesorios de limpieza en Navidades y eso no les va a convertir en hombres implicados cuando sean adultos, de la misma forma que mis hijas no serán artistas por el mero hecho de pintar cuadros al óleo en un caballete ni serán ingenieras por construir con Lego. Es cierto que el juego es una actividad imprescindible para el desarrollo emocional e intelectual de niñas y niños. El juego simbólico, ese en el que imitan roles, comportamientos y se reproducen aspectos de la vida real, fomenta, además, la empatía al ponerse en la piel de otras personas y la cooperación cuando se juega con otras niñas o niños. El juego y los juguetes transmiten mensajes y condicionan espacios. Transmiten el mensaje sobre lo que es apropiado para un sexo y lo que es apropiado para otro: las niñas juegan con muñecas, a las casitas, a las cocinitas y a la peluquería, mientras que los niños juegan al fútbol, a superhéroes y a ser exploradores. ¿Que hay niñas que juegan al fútbol o a ser exploradoras? Por supuesto, las menos. ¿Que hay niños que juegan a las muñecas? Muchos menos y en privado. Además, los juegos y juguetes no solo lanzan el mensaje de las habilidades que supuestamente tienen las niñas y los niños, sino que les otorgan espacios específicos: los juegos de las niñas se producen en espacios interiores y algunos requieren habilidades más creativas o imaginativas. Los juegos de los niños están dirigidos a que se realicen en el exterior y, además, suelen tener un componente educativo o didáctico. Mientras que los niños que juegan a las muñecas lo hacen en privado, las niñas que juegan a superhéroes lo hacen en público, porque socialmente son conscientes de que está mejor visto.

¿Quién dicta que los niños tienen que jugar a unos juegos y las niñas a otros? Y, sobre todo, ¿cómo podemos reconducirlos?

APUNTES

Es importante que, cuando nos sentamos a jugar con los niños, les ofrezcamos muchísimas opciones de juego en las que se inviertan los roles o se incluyan los cuidados y las tareas del hogar. Se trata de ampliar, no de reducir.

- Si está jugando con superhéroes, estos pueden llevar a sus hijas o hijos al colegio antes de salir a salvar el mundo. O hacer la comida y limpiar la casa.
- Si está jugando con un coche, podemos decirle que puede jugar a lavarlo o usarlo para recoger a alguien, no solo para hacer carreras y ver quién es más rápido o chocarlo con otros coches.
- Si juega con Lego o Playmobil, las tramas de los juegos se pueden dirigir hacia el trabajo doméstico: en un barco pirata alguien tiene que limpiarlo y hacer la comida.
- Para proponerle que juegue con bebés muñecas, podemos decirle que aprenda a poner un pañal, que le haga un peinado extravagante o que juegue a bañarlas.
- Si hay una pelota de por medio, se puede jugar al voleibol, a balón prisionero o a cualquier otro juego que no sea el fútbol.

Es muy positivo fomentar juegos y juguetes que impliquen a los niños en los roles históricamente asignados a las mujeres porque promueven ese tipo de habilidades, pero no puede quedarse solo en eso: para implicar a los niños en la gestión, organización y ejecución del trabajo doméstico y de cuidados, deben recibir una educación mucho más profunda: además, los niños deben realizar fuera del ámbito del juego todos esos trabajos.

Responsabilidad del trabajo doméstico

Hemos visto lo importante que son los referentes durante la infancia: nuestros niños necesitan verse reflejados en los hombres de la casa. Estos hombres de la casa deberían dar ejemplo de responsabilidad con el trabajo doméstico, no solo en la ejecución, sino también en la organización y gestión. Como dice Marian Wright Edelman: «No puedes ser lo que no ves».

Es necesario recordar que para tener una casa al día no solo hay que ir al supermercado a comprar, cocinar o poner la lavadora, también hay que pensar en lo que se va a cocinar, lo que se va a comprar y cuándo hay que poner la lavadora. Los hombres de la casa deben corresponsabilizarse del trabajo doméstico y organizar de forma espontánea todo lo que tiene que ver con él. De esta manera, los niños podrán asumir desde la infancia que ese trabajo también les corresponde a los varones.

Para que los propios niños comiencen a involucrarse en las tareas, desde que son pequeños y según su edad y situación, deberían empezar a ayudar en casa y poco a poco ir responsabilizándose de sus cosas.

APUNTES

Las tareas de casa que pueden hacer los niños, según sus edades, son las siguientes:

De los dos a los siete:

- Después de jugar, recoger todos los juguetes y guardarlos en su lugar correspondiente.
- Poner la ropa sucia en el lugar destinado en la casa para lavar.
- Limpiar lo que mancha.
- Llevar la basura a su cubo correspondiente.
- Elegir su ropa y vestirse.
- Limpiar el polvo con un trapo.
- Poner la mesa, recogerla y limpiar lo que se ha ensuciado.
- Ayudar a preparar comidas sencillas.
- Barrer.
- Hacer la cama. Al principio con ayuda y poco a poco de forma autónoma.

De los siete a los diez:

- Ayudar a tender la ropa.
- Poner la lavadora.
- Doblar y guardar la ropa.
- Limpiar cualquier superficie.
- Fregar el suelo.
- Cargar el lavaplatos y descargarlo.
- Preparar comidas sencillas o más elaboradas con ayuda.

- Recoger su dormitorio completamente.
- Fregar los platos.
- Cuidar de los animales de compañía si los hay: rellenando sus cuencos, sacándolos a pasear, etcétera.
- Planchar.

Según un informe,[84] las y los jóvenes afirman que en las parejas formadas por una mujer y un hombre la diferencia entre quién realiza las tareas del hogar se dispara: cuatro de cada diez mujeres dicen que son principalmente ellas las que se encargan de las tareas, algo que dicen sobre ellos mismos un 21 % de los hombres. Sorprende la afirmación de «ambos por igual», con la que están de acuerdo algo más de la mitad de las jóvenes (53,7 %) y un 67,5 % de los jóvenes. Esto significa la poca conciencia que tiene la juventud sobre quién es verdaderamente responsable, ya que, según el Instituto Nacional de Estadística,[85] el 84 % de las mujeres asumen las tareas domésticas y la cocina frente a un 42 % de los hombres.

84. Juan Carlos Ballesteros, Ana Rubio, Anna Sanmartín y Patricia Tudela, *Barómetro Juventud y Género 2019. Identidades y representaciones en una realidad compleja*, Madrid: Centro Reina Sofía sobre Adolescencia y Juventud, FAD, 2019. Disponible en: <http://www.adolescenciayjuventud.org/que-hacemos/monografias-y-estudios/ampliar.php/Id_contenido/127043/tipo/17/>.

85. INE, *La vida de las mujeres y los hombres en Europa, un retrato estadístico*, 2017. Disponible en: <https://www.ine.es/prodyser/myhue17/images/pdf/WomenMenEurope-DigitalPublication-2017_es.pdf?lang=es>.

Hasta ahora nos han enseñado que las mujeres servimos para esto; en la película de *Blancanieves y los siete enanitos*, cuando descubren a la princesa en su casa, Gruñón dice: «Es una mujer y todas son como el veneno». A lo que Blancanieves contesta: «¡Serviré de mucho! Sé lavar, coser, barrer y cocinar». ¿Ha llegado quizás el momento en el que los siete enanitos no necesiten a Blancanieves porque ellos mismos puedan ser capaces de realizar los trabajos domésticos? No estaría mal ver en la cultura popular e incluso en la contracultura ejemplos de hombres responsables del hogar.

Responsabilidad de cuidar

Desde que son muy pequeños, los niños toman conciencia de quiénes son las personas que cuidan. Generalmente es la madre quien lo alimenta, lo duerme y le da de comer, la que le dedica más tiempo y con la que se siente más seguro. También aprende pronto que las profesoras suelen ser mujeres, que las enfermeras o médicas también, las azafatas de los aviones…, incluso las asistentes digitales, como Siri, Alexa o Cortana, tienen voz de mujer y un carácter sumiso y complaciente. Un niño rápidamente asume que las personas que cuidan son mujeres.

El problema del trabajo de cuidados es que es un trabajo no remunerado, por el que la persona que lo realiza no cotiza a la Seguridad Social (por lo tanto, no genera ningún tipo de pensión ni beneficio social) y que no tiene vacaciones ni descansos y ocupa veinticuatro horas durante trescientos sesenta y cinco días al año. Este trabajo lo hacen principalmente las mujeres y genera una de las desigualdades más importantes de nuestra sociedad.

Además de la injusticia que genera, debemos inculcar lo placentero que es cuidar y todo lo que los hombres se están perdiendo por no hacerlo de forma plena. Las mujeres cuidan de sus hijos una media de treinta y ocho horas semanales frente a las veintitrés horas que les dedican los hombres.[86] Las mujeres cuidan unas veinte horas a personas dependientes de menos de setenta y cinco años frente a las catorce horas que cuidan los hombres. Según la Encuesta de Población Activa,[87] en 2018 el 95 % de las reducciones de jornada por cuidados se las cogieron las mujeres frente a un 5 % de los hombres. Con respecto a las excedencias por cuidados, los hombres asumen el 10 % frente al 90 % que asumen las mujeres.

Cuidar es la base de nuestra sociedad y del sistema patriarcal. Los primeros años de la vida de un ser humano y los últimos son para que otras personas nos cuiden, y esas personas suelen ser mujeres. Pero no solo cuidamos a personas dependientes, a personas mayores o a nuestras hijas o hijos, también cuidamos a las personas que tenemos alrededor, en mayor o menor medida. ¿Y qué es cuidar? Cuidar va desde

---

86. Datos del INE.

87. Ver: <http://www.ine.es/dyngs/INEbase/operacion.htm?c=Estadistica_C&cid=1254736176918&menu=resultados&secc=1254736195129&idp=1254735976595>.

darle todos los cuidados necesarios a una persona que no puede valerse por sí misma hasta preocuparse por algún familiar o amistad, estar pendiente de sus necesidades y vigilar que esté bien tanto física como emocionalmente.

Cuidar es un acto de generosidad, de empatía, de humildad, de solidaridad, compromiso y de gratitud. Pero, ante todo, es un acto de amor.

Otro de los referentes que necesitan los niños son adultos varones cuidadores. En los últimos años, ha habido un repunte de padres implicados en la crianza de sus criaturas. En este momento, los padres se involucran mucho más desde el nacimiento; sin embargo, todavía hay espacios en los que no entran y la brecha de desigualdad sigue siendo grande. A pesar de que en España se ha ampliado considerablemente el permiso de paternidad, pocos padres lo disfrutan completamente. Muchos esgrimen represalias en el trabajo, pero ¿por qué no hay ningún problema en disfrutar de los quince días de permiso por matrimonio y, sin embargo, sí hay problema en cogerse los días correspondientes a un permiso paternal? ¿No es incluso más importante tener una criatura que firmar los papeles de un casamiento? La diferencia reside en que los quince días por matrimonio son para irse de viaje mientras que el permiso por paternidad es para cuidar a un bebé, cambiar pañales y pasar noches en vela.

El 95 % de las mujeres[88] se ocupan del cuidado y la

88. INE, *La vida de las mujeres y los hombres en Europa, un retrato estadístico*, 2017. Disponible en: <https://www.ine.es/prodyser/myhue17/images/pdf/WomenMenEurope-DigitalPublication-2017_es.pdf?lang=es>.

educación de sus criaturas frente a un 68 % de los padres. Esto significa que hay una proporción mucho mayor de mujeres que de hombres que realiza las tareas relacionadas con el cuidado de los niños y niñas, las tareas domésticas y la cocina.

Para cuidar se necesita mucha generosidad. Pero hasta hace muy poco este valor estaba relacionado solo con las mujeres. Hoy en día, todavía siguen vigentes los estereotipos: el 45 % de las mujeres[89] y el 41,9 % de los hombres asegura que, cuando una mujer tiene un trabajo a jornada completa, «la vida familiar se resiente», un porcentaje que desciende cuando la afirmación se refiere a los hombres. En ese caso, lo piensa el 38,3 % de las mujeres y el 33,2 % de los hombres. Esto significa que se le otorga mucha más responsabilidad a la madre en la crianza y en el hogar.

Debemos añadir, además, que este trabajo no está considerado socialmente como un trabajo apetecible, sino todo lo contrario. Es un trabajo desprestigiado y objeto de burlas. El gran reto es que la sociedad en pleno debe resignificar estos trabajos para ponerlos en valor y fomentar de esta manera que se aprecien y revaloricen.

---

89. Juan Carlos Ballesteros, Ana Rubio, Anna Sanmartín y Patricia Tudela, *Barómetro Juventud y Género 2019. Identidades y representaciones en una realidad compleja*, Madrid: Centro Reina Sofía sobre Adolescencia y Juventud, FAD, 2019. Disponible en: <http://www.adolescenciayjuventud.org/que-hacemos/monografias-y-estudios/ampliar.php/Id_contenido/127043/tipo/17/>.

Autocuidado

Si queremos que nuestros niños cuiden, debemos enseñarles primero a cuidar de ellos mismos. Para ello es fundamental crear hábitos positivos en casa y prepararlos para que tengan cada vez más autonomía.

APUNTES

Enseñarles los hábitos de higiene diarios y que los cumplan, incluso sin supervisión: lavado de dientes, ducha, peinarse, etcétera.

• Enseñarles la importancia de cuidar de su cuerpo con la alimentación, hábitos como el deporte y protegerlos ante lo que otras personas puedan hacer con su cuerpo (posibles abusos sexuales o físicos).

• Enseñarles la importancia del ocio y de buscar la felicidad realizando actividades placenteras.

• Enseñarles el valor del esfuerzo.

Enseñar a los niños a cuidar a otras personas

Los niños deben aprender desde que son muy pequeños a ser unos buenos cuidadores. Para eso deben aprender empatía, enseñar a los niños a comprender a las personas que tienen alrededor, identificar su estado emocional y realizar un acompañamiento que puede ser físico o emocional. Para aprender a desarrollarla, existen varias pautas:

- **Escucha activa.** Este tipo de escucha demuestra al hablante que el oyente le ha entendido. Para que el hablante lo sepa, el oyente puede parafrasear algo que ha dicho, resumir lo importante, hacerle saber que no solo lo ha entendido, sino que comprende su estado emocional. Todo sin juzgar, sin interrumpir, sin solucionar su problema y sin descalificar.

Trabajar la escucha activa con niños: para practicar podemos contarle un cuento y pedirle que preste atención. El cuento puede ser *Kike y las barbies*, por ejemplo, pero puede ser otro. Al terminar el cuento podemos preguntarle cómo se siente el protagonista al principio de la historia y cómo se siente al final. Preguntadle qué le diría a Kike si le contara su problema.

Trabajar la escucha activa con adolescentes: podemos decirle que la escucha activa requiere un esfuerzo consciente por su parte, que se centre en la persona que habla, que mantenga contacto visual, que no juzgue y que no interrumpa. Además de pedirle que lo haga en su vida cotidiana, os propongo ponerle este vídeo y que analice después el mensaje:

«All Women», Karu Rivera, Mireia González y Salomé Castro, disponible en: <https://www.youtube.com/watch?v=GdFX_uA0ygI>.

- **Comprensión.** Tienen que identificar las emociones y los sentimientos de la persona que tienen enfrente.

Trabajar la comprensión con niños: podemos ver la película *Frozen* con ellos y pedirles que se identifiquen con la protagonista. Al terminar la película, podemos preguntarles: ¿qué le pasa a Elsa?, ¿cómo se siente?, ¿por qué decide irse lejos?, ¿crees que tiene otras alternativas? Enseñadles a no juzgar.

Trabajar la comprensión con adolescentes: podemos ver la película *Cuenta conmigo*. ¿Qué le pasa al protagonista, Gordy?, ¿cómo se siente?, ¿por qué decide ir a por el cuerpo?

- **Prestar ayuda.** Los niños tienen que saber si es necesario ayudar a la persona que tienen enfrente y que solo deben ayudarla si ella quiere ser ayudada.

Trabajar la ayuda con niños: siguiendo con *Frozen*, identificad por qué Anna quiere ayudar a su hermana aunque ella no haya pedido ayuda.

Trabajar la ayuda con adolescentes: siguiendo con *Cuenta conmigo*, analizad la ayuda que se prestan los personajes de Gordy y Chris.

APUNTES

Elige a un niño o a una niña con quien haya tenido algún problema. Vamos a intentar que nuestro niño se ponga en los zapatos de esa persona e intente comprender lo que le ha llevado a tener ese comportamiento.

Es importante no justificar la violencia en ningún caso. Ni, cuando alguien te trata mal, justificar su comportamiento. Pero es importante que identifique por qué esa persona ha actuado de esa manera.

APUNTES

La idea es implicar al niño en los cuidados de las personas que están en casa. Hay que fomentar que cuide a alguien en casa cuando esté enfermo: si te duele la cabeza, pídele que te traiga un vaso de agua para tomarte las pastillas, pídele ayuda para levantarte, que te traiga el termómetro, etcétera. Si tiene hermanas o hermanos, podemos darle responsabilidades pequeñas según su edad: no se trata de que se quede con su hermano por las noches, sino de que, cuando ponga agua en su vaso, se lo ponga a su hermano también, cuando lleve la ropa a lavar, le pregunte a su hermano si tiene que llevar ropa para lavar, etcétera.

Otro tipo de poder

Debemos enseñar a los niños que los trabajos de cuidados y domésticos otorgan a las personas otro tipo de poder: tener una vocación de servicio y de cuidados, hablar en plural, preocuparse por la gente... Son poderes especiales que nos hacen mejores personas y que tienen consecuencias en uno mismo, porque, además de cuidar y ayudar a los demás, se va a sentir más sereno, más feliz y una persona más completa.

- **Generosidad.** La generosidad no se puede forzar, por lo tanto, a la hora de practicarla siempre debemos tenerlo en cuenta. Desde que son pequeños, tenemos que ofrecerles siempre la oportunidad de compartir sus juguetes, y también de que se los presten. Deben entender que la generosidad va más allá de compartir objetos, abarca también la idea de compartir tiempo y espacio con otras personas y respetar los turnos en un juego, por ejemplo. Es fundamental el ejemplo que les damos.

APUNTES: LA GENEROSIDAD

Si se acerca el cumpleaños de alguien especial, vamos a tomarlo como referencia y vamos a incluir al niño en la toma de decisión del regalo (que puede ser algo que haga él mismo). ¿Qué le gusta a esa persona?, ¿qué le va a hacer ilusión? Podemos fomentarlo con apoyos del tipo: «Imagina la cara que va a poner cuando lo vea» o «Seguro que lo disfruta un montón». De esta forma, entenderá que hacer cosas por otras personas puede hacernos sentir bien.

- **Compromiso.** Enseñar a los niños a cumplir con lo que se comprometen es fundamental. Para eso, hay que fomentarles la autonomía y la toma de decisiones. También aumentar poco a poco sus responsabilidades y educarles en el valor del esfuerzo.

> **APUNTES: EL COMPROMISO**
>
> Si tienes una mascota, la tarea es fácil, pídele a tu peque que se ocupe de darle de comer, pasearlo o limpiarlo durante un tiempo. También nos vale si tiene un hermanito o hermanita pequeña, para que te ayude durante los baños. Busca algo que tenga que ver con los cuidados en lo que puedas involucrarle, bien de forma indefinida (cuidado de cargarle con responsabilidades que no le corresponden) o bien de forma puntual durante un tiempo.

Cuidar en el colegio

El colegio es uno de los lugares donde los niños pueden empezar a cuidar a otros compañeros. Por ejemplo, el programa KiVa[90] enseña a centros educativos, madres y padres medidas antiacoso, no solo para enseñar a los niños a no ser instigadores de este, sino también para prevenirlo, detectarlo y, algo que es fundamental, enseñar a los niños espectadores de acoso a saber actuar.

El objetivo del programa KiVa con los espectadores de acoso es que cada uno sepa cuál es su rol a la hora de detener

---

90. A. Kaukiainen y C. Salmivalli, *KiVa: Guía para familias*, Finlandia: Universidad de Turku, 2009. Disponible en: <http://www.kivaprogram.net/guia-para-padres/>.

el acoso escolar. Así, en lugar de aprobar en silencio el acoso o de animar a los acosadores, el espectador del acoso empezará a apoyar a la víctima, transmitiendo de esta manera que no está de acuerdo con eso.

Los niños tienen que cuidarse entre ellos, cuidar a las niñas y aprender a hacerlo, de igual a igual, con respeto y sin paternalismo y aprender a cooperar en el cuidado y a ponerlo de forma prioritaria en la vida de las personas.

7.
Enséñale a querer

Cuando amamos, expresamos abierta y honestamente el cuidado, el afecto, la responsabilidad, el respeto, el compromiso y la confianza.

BELL HOOKS

Dice Coral Herrera[91] que es necesaria una revolución amorosa. Si queremos avanzar en nuestra sociedad, no podemos contarles a nuestras niñas y nuestros niños los mismos cuentos que nos han contado a nosotros. Necesitamos hacer mucha autocrítica de lo que son las relaciones para así poder trasladar un mensaje diferente a nuestros niños, para que puedan vivir las relaciones afectivas de una forma muy distinta a como las hemos vivido las generaciones anteriores. Según Herrera, la relación de nuestros progenitores nos marca, no solo en la forma en la que construimos nuestra feminidad y masculinidad (roles sexuales), sino en la manera en la que nos relacionamos con los demás:

---

91. Coral Herrera, *Mujeres que ya no sufren por amor*, Madrid: Los Libros de la Catarata, 2018.

Si a las personas no nos han querido bien, es muy difícil que-rernos a nosotros mismos y a los demás. La falta de amor nos determina y nos influye a la hora de construir relaciones libres, sanas y basadas en el placer. Porque todas las carencias afectivas aumentan nuestro miedo al rechazo y al abandono, el miedo a quedarnos solas, el miedo a que nadie nos quiera... y los mie-dos nos encadenan a relaciones que no funcionan, a parejas que no nos cuidan y que nos tratan mal.

Es necesario enseñar a los niños a querer bien para que aprendan a gestionar sus propias emociones y no dañen a la persona que tienen delante. Y, como bien explica Herrera, en lugar de reducir el amor y el romanticismo a la pareja, lo ideal sería llevar el amor a todas las redes afectivas y sociales para multiplicar los afectos.

Una sociedad que ame y que cree lazos afectivos profundos con personas de su entorno, que no limite el cariño y el cuidado a las relaciones de pareja será una sociedad mucho más libre. Los niños aprenden lo que es el amor con las relaciones que establecen desde la infancia con sus familiares más directos y es fundamental que sepan claramente cómo se expresa el cariño y el afecto de forma positiva. En ocasiones, sin embargo, las personas adultas no manifestamos siempre el amor de la mejor forma posible, y esto sí que se enseña con el ejemplo.

Por otro lado, es urgente revisitar lo que consideramos que es el amor y educar a nuestras criaturas para que aprendan a amar y desaprendan todos los mitos del amor romántico, pues generan sufrimiento y relaciones desiguales. Solo de esta manera podremos crear una verdadera sociedad feminista donde los afectos sanos se sitúen en primer lugar.

Como podéis ver, para comenzar con este capítulo sobre el amor y el sexo, es fundamental retomar todo lo que aprendimos en el capítulo «Criar a un niño con opciones». Un niño con empatía, solidario, que sepa escuchar, que sepa gestionar sus emociones negativas, como los celos o la ira, con autoestima y que se preocupe por las y los demás, sabrá leer a las personas y tener relaciones interpersonales sanas. Pero no es suficiente para enseñarles una afectividad y sexualidad saludable. ¿Cómo podemos educar a los niños para que sean adultos respetuosos con las mujeres, en la afectividad, en compartir los cuidados y las responsabilidades y en la sexualidad?

APUNTES

Los niños deben recibir todo el amor posible por parte de su familia y su entorno, sentirse siempre queridos y saber que tienen a personas a su alrededor que les dan apoyo y cariño generosamente. Como madres y padres hay que atenderlos cuando lloran, calmarlos y transmitirles seguridad y afecto siempre. De esta manera, cuando sean adultos no pagarán sus carencias afectivas con nadie.

Qué es el amor

El amor es una emoción que nos hace sentir muy felices. Se ama a mucha gente: familia, hijas e hijos, amistades..., pero hay un amor que sobresale por encima del resto, que la literatura, el cine o la música nos ha trasladado que es el amor máximo, y ese es el amor romántico. A las niñas nos educan para que el amor sea el centro de nuestras vidas mientras que para los chicos los afectos «son cosas de chicas». Las niñas recibimos el mensaje a través de los medios, la literatura, el cine y el entorno de que nuestra vía de realización personal va a situarse amando y creando una familia, cuidando a una pareja y cuidando a unas criaturas.

Y, aunque se nos empodera para realizarnos también laboralmente y en otros ámbitos, el amor se sitúa en un lugar principal. A los chicos, por el contrario, se les educa para que salgan de casa, que exploren, vivan aventuras, tengan éxito, sean competitivos en el mundo exterior. Pero de afectos, nada. Todo lo que aprenden de lo que es el amor es, como hemos dicho antes, de sus referentes familiares y sociales y de lo que la cultura popular les va a transmitir.

Estoy segura de que muchísimas veces nuestro niño creerá que el amor es ternura, complicidad y comprensión, pero también pensará que el amor son los reproches, los gritos, la falta de entendimiento o la perpetuación de los celos y el resto de las invenciones del amor romántico. También la dominación, la usurpación y la ocupación de los espacios (físicos, emocionales, de opinión, simbólicos).

Para revisar la forma en la que enseñamos a los niños a querer, debemos tener claros algunos principios básicos que deben aprender para querer a cualquier persona, sea en una relación romántica o en una relación de amistad o familiar:

- El amor es el afecto que se siente hacia otras personas, varía en intensidad y puede ser diferente según a quién se ame.
- Cuando se ama a alguien se genera un vínculo afectivo a través del cual aparecen una serie de sentimientos y emociones positivas, entre las que se encuentra querer pasar tiempo con esa persona.
- El amor debe expresarse de diferente forma según a quién se ame: no vas a expresar el afecto de la misma forma hacia un hijo o hacia una madre que hacia una pareja. Pero, en todos los casos, el amor es positivo que se manifieste afectivamente, con caricias, besos, abrazos y palabras siempre que la otra persona quiera.
- Es cierto que pueden haber momentos en los que opiniones discrepantes crispen los nervios frente a la persona que se quiere, que haya tensiones por muchos motivos, por ejemplo, por estrés, pero no podemos perder la perspectiva. Por este motivo es fundamental aprender a neutralizar los momentos de ira y saber que a una persona que quieres no puedes hacerle daño nunca.
- Es importante huir de la idea de que el éxito en una discusión reside en ganar y el fracaso, en perder. Fuera de la competitividad existen muchas opciones y no salirse uno con la suya no significa perder, puede ser un éxito, y así

hay que verlo. De esta manera, en las relaciones personales se relajarán tensiones en este sentido.

- Los niños deben aprender a relajarse, bien a través de la meditación o de otras técnicas que los ayuden a encontrar el sosiego en los momentos en los que salen los nervios. Cuanto antes se trabaje sobre esto, mejor.
- También tienen que aprender a gestionar sus impulsos y mejorar su día a día. En las relaciones es importante mantener la calma, fomentar el diálogo y el respeto.
- Los chicos tienen que saber que las chicas no son de su propiedad y que son libres e iguales. Las chicas (amigas, madres, hermanas) tienen sus propias metas y deseos y no siempre van a coincidir con los de ellos.

Amar a otros hombres

Desde que son pequeñitos, los niños que tenemos alrededor establecen relaciones afectivas muy sanas con sus iguales. En la guardería he visto cómo los niños se dan besos entre ellos y a los adultos que los quieren. Saben expresar sus afectos correctamente, pero, cuando llegan al colegio, las dinámicas de los sentimientos cambian y la afectividad que no tenían problema en expresar con su amiguito de la escuela infantil se torna en una relación mucho más fría y distante en primaria. Los niños tienen que aprender a quererse y cuidarse entre ellos. No deben perder esa espontaneidad afectiva que hace que establezcan lazos y vínculos seguros. Si aman a otro hombre y le cuidan, se preocupan por él, van a establecer una relación mucho más igualitaria y llena y van a convertirse poco a poco en hombres emocionalmente más honestos.

Heterosexualidad obligatoria

Una de las premisas más importantes que deben aprender es que el patriarcado ha enredado sus tentáculos en lo que las personas creemos que es el amor, y el amor también se construye socialmente. A todas las personas que nacen las marcan como heterosexuales desde el inicio de sus vidas y se prepara a las mujeres para servir a los hombres emocional y sexualmente. Por eso es importante plantearles a los niños las elecciones que existen. Es bueno que vean en su entorno modelos de relaciones diferentes y que de forma crítica analicemos, desde que empiezan a entender cómo funciona el mundo, cómo las personas pueden ser libres de verdad para amar y organizarse en relaciones distintas a la habitual. Cuestionar la heterosexualidad obligatoria[92] no propone que todas las personas sean lesbianas o gais; plantea, en cambio, que los deseos y afectos también se construyen socialmente porque desde que nacemos nos adiestran para ser heterosexuales; de esta forma, las mujeres servirán a los hombres y los hombres las dominarán dentro del marco de la fami-

---

92. Adrienne Rich, «Heterosexualidad obligatoria y existencia lesbiana», *Duoda: Revista d'estudis feministes*, 1996, nº. 11, pp. 13-37.

lia tradicional. Esto no significa que las mujeres lesbianas no estén dominadas y que las heterosexuales sí. Se trata de comprender cómo el sistema patriarcal organiza la sociedad para que se ajuste a los cánones prestablecidos.

Por este motivo, las mujeres que libremente serán heterosexuales en un futuro en una sociedad feminista no tendrán que supeditarse al rol sexual que el patriarcado ha preparado para ellas y los hombres con los que compartan la vida, si así lo deciden, deberán respetarlas y alentarlas en su emancipación y libertad, porque estas mujeres no dependerán de los hombres y ellos tienen que aprenderlo desde que son pequeños: no serán los salvadores de nadie, serán los compañeros de mujeres emocionalmente independientes. Por lo que también deberán trabajar su independencia emocional.

Enseñar cómo mostrar el afecto desde la infancia

¿Y si lo que nos han enseñado que era la forma de seducir o amar es una forma de acosar? ¿Podrán ser los niños y hombres capaces de desaprender lo que la sociedad, el cine, la literatura, las amistades y el imaginario colectivo les ha enseñado? ¿Cómo pueden diferenciar los varones a alguien que los quiere de alguien que no?

El cantante Moby describió[93] en sus memorias un idilio

93. Noelia Ramírez, «Natalie Portman contra Moby o cómo destruir al macho fanfarrón bocazas», *El País*, 2019. Disponible en: <https://smoda.el-

que creyó tener con la actriz Natalie Portman cuando ella empezó a estudiar en la universidad: contó que se conocieron en el *backstage* donde él acababa de dar un concierto y, tras aquel primer encuentro, fueron juntos a varias fiestas e incluso él fue a verla a Harvard, donde estudiaba. Un día, ella le llamó para decirle que había conocido a otra persona. Podría parecer el comienzo de cualquier otro romance si no fuera porque, cuando ella se enteró de que Moby contaba que había tenido una relación con ella, lo desmintió de forma categórica: «Mis recuerdos son los de un tío mayor siendo asqueroso conmigo». Ella era una adolescente de dieciocho años y él un hombre adulto de treinta y tres. Tras esta respuesta, él colgó una foto de ambos en Instagram para evidenciar la relación (él sin camiseta junto a una adolescente Portman) y se justificó deslegitimando las declaraciones de ella y llamándola mentirosa.[94] ¿En qué momento este hombre se creyó que estaba en una relación de igualdad con una adolescente? ¿Cómo es posible que él pensara que tenían una relación mientras que ella tenía muy claro que no? Él es un hijo sano del patriarcado, un fanfarrón que ha normalizado la sexualización de una adolescente y fantaseado con una relación con ella. En esta historia se percibe clara-

---

pais.com/moda/natalie-portman-contra-moby-o-como-destruir-al-macho-fanfarron-bocazas/>.

94. Arwa Mahdawi, «Moby's treatment of Natalie Portman is a masterclass in nice-guy misogyny», *The Guardian*, 2019. Disponible en: <https://www.theguardian.com/commentisfree/2019/may/24/moby-natalie-portman-master-class-beta-male-misogyny>.

mente la falta de empatía por parte de él, que ni escuchó a Portman en su momento ni la escucha ahora que le dice que aquello no fue una relación. ¿Cuántas veces las mujeres nos hemos sentido acosadas por otros hombres? ¿Cuántas veces un hombre quería mantener una relación, sexual o sentimental, con nosotras y hemos tenido que tirar de mentiras y de excusas para decir que no? ¿Cuántas veces nos han insistido? ¿Cuántas mujeres conoces que han acabado con un hombre porque este ha insistido hasta la saciedad, pero ellas no estaban enamoradas?

Y, lo más importante, ¿por qué hay hombres que se sienten legitimados para presionar a las mujeres en nombre del deseo o del amor? Porque, si la mayoría de las mujeres nos hemos sentido así, significa que la misma proporción de hombres ha actuado de esta manera.

La forma en la que se muestra el amor y la concepción del amor la han creado los hombres. En la nueva forma de establecer relaciones, los niños tienen que aprender desde que son pequeños a escuchar a las personas que tienen delante para identificar correctamente sus señales y sus palabras. Estar enamorado de alguien no te da derecho a insistirle, a rogarle o a acosar. Que un chico quiera estar con una chica no es suficiente para estar con ella, ella tiene que desearlo también: tienen que aprender que las chicas son seres independientes con voz y sentimientos propios, a veces diferentes porque tienen otra perspectiva y pueden estar en otro punto espacial. Deben aprender a dejar espacio a las chicas, sin forzarlas, para que fluyan y tomen las decisiones con libertad.

Además, los niños tienen que aprender a respetar a las niñas, su espacio, su lugar y sus decisiones. Hay que ser extremadamente firme contra esos niños que levantan la falda a las niñas, les tiran del sujetador por la espalda o las agreden de cualquier forma sin respetar sus opiniones. Es importante también que no se justifiquen como *bromas* ni que se diga que las niñas no tienen *sentido del humor*. Con demasiada frecuencia las agresiones se justifican de esa forma, y más cuando las lleva a cabo un grupo de chicos.

APUNTES: CONVERSANDO

Observad estas dos conversaciones.

Pedro, un niño de diez años, está hablando con su padre:

—Me gusta Paula.

—Bien, ¿se lo has dicho?

—Sí. Pero a ella no le gusto.

—Mmm. Entiendo. ¿Sabes lo que tienes que hacer? Regálale un libro. A ella le gustan los libros, ¿verdad? Dedícaselo y ponle algo bonito. Seguro que eso hace que te tenga en gran estima. E insiste. Seguro que acaba cayendo, porque tú eres maravilloso, hazle ver lo estupendo que eres.

Alonso, un niño de diez años, está hablando con su padre:

—Me gusta Daniela.

—Bien, ¿se lo has dicho?

—Sí. Pero a ella no le gusto.

—Mmm. Entiendo. ¿Sabes lo que tienes que hacer? Dejarla tranquila. No le gustas, así que no insistas.

¿Cuál de las dos respuestas del padre es la correcta para educar a un niño respetuoso y que sepa escuchar? Defiende tu opción y propón otras situaciones parecidas en las que normalmente se actúe de una manera y debería actuarse de otra.

Mitos del amor romántico

El otro día fui a cenar con una amiga que había dejado a un chico con el que llevaba saliendo unos meses. Estuvo muy enamorada de él hasta que este empezó a tener reacciones desproporcionadas ante situaciones absurdas: un día mi amiga se llevó una pequeña reprimenda cuando se le cayó un poco de comida al servirla. Otro día se perdió por el barrio de su chico y él le contestó por teléfono con un bufido. Ella había normalizado que ese tipo de cosas ocurrieran hasta que le dije que en los años que ella y yo éramos amigas jamás habíamos tenido una relación de ese tipo, que por qué se lo permitía a un hombre con el que llevaba un año (y aunque llevara cincuenta y cinco años). La respuesta es clara: en las relaciones de pareja, bajo la premisa de que el amor todo lo puede y de que no hay nada más grande que el amor romántico, se consienten abusos de poder que en otras relaciones ni se cuestionarían. Yo me imagino que una amiga me regaña cuando se me cae un vaso y nuestra relación de amistad tiene las horas contadas. ¿Por qué consentimos que la persona que tenemos al lado, si es dentro de una relación afectiva de pareja, nos trate de cualquier manera? ¿Por qué creemos que los momentos buenos con esa persona compensan los momentos malos?

Para realizar el *Primer Informe Jóvenes y Género. La (in) consciencia de equidad de la población joven en España*,[95] publicado en 2019, se entrevistó a jóvenes de entre quince y veintinueve años y se comparó con datos de años anteriores para evaluar la evolución.

Cuando les preguntaron por la importancia de tener pareja, a la mayoría le parecía un factor importante de realización personal en su vida. Según este estudio, un 41 % cree que un chico debe proteger a su chica, un 32 % considera que tener pareja implica una entrega absoluta y el 31 % que tener pareja siempre te va a quitar algo de libertad. Tampoco se pueden perder de vista los porcentajes relevantes de los que creen que hay que renunciar a una o uno mismo (15 %), de los que no están de acuerdo con que se mantengan espacios propios y personales (11 %), de los que consideran que las amistades pierden importancia cuando se tiene pareja (11 %), de los que normalizan el control del móvil (15 %), los celos (15 %) y de los que piensan que hay que esforzarse en hacer lo que satisface al otro (16 %) o la otra (17 %).

¿Eso es el amor? A nuestro alrededor nos envían mensajes muy claros de cómo se practica el amor, de cómo se siente

95. Elena Rodríguez San Julián y Juan Carlos Ballesteros Guerra, *Primer Informe Jóvenes y Género. La (in)consciencia de equidad de la población joven en España*, Madrid: Centro Reina Sofía sobre Adolescencia y Juventud, FAD, 2019. Disponible en: < https://www.observatoriodelainfancia.es/ficherosoia/documentos/5764_d_PRIMER_INFORME_JoVENES_Y_GeNERO.PDF>.

y de cuál es su simbología, y la mayoría de los mensajes han calado en el imaginario colectivo y suponen una afirmación errónea de lo que es el amor. Debemos enseñar a nuestros niños cuáles son los mitos del amor romántico que deben eliminar, porque solo sirven para crear un caldo de cultivo para el maltrato y el control.

- **El amor hace sufrir.** Las frases hechas como «quien bien te quiere te hará llorar» o «los amores reñidos son los más queridos» nos han convencido de que lo normal en una relación de pareja es el sufrimiento, las peleas y los malestares. Debemos asumir que las relaciones de pareja están ahí para hacernos la vida más fácil y agradable. Existen para que haya una persona a nuestro lado que nos cuida, nos trata bien y nos hace feliz. En el momento en que esa persona no nos trata bien, no nos cuida y no nos hace felices, deja de ser una relación que suma.
- **Los celos son una señal de amor.** Creemos que, si una persona nos quiere *de verdad*, no querrá compartirnos con nadie más. Sentirá celos si intuye que podemos estar engañándole y puede perdernos. Esto explica que muchas parejas consideren de su propiedad a las personas que tienen al lado. Los celos no son más que una expresión de propiedad y de control, algo que se aleja completamente de lo que significa el amor. Ya lo decía Anne Morrow Lindbergh: «Deseo que quien amo sea libre, incluso de mí». El amor deja libertad a la otra persona y, si esa persona no quiere estar con nosotros, debemos asumirlo, por-

que nunca ha sido de nuestra propiedad. ¿Cómo podemos hacer que reconozcan los celos? Tan fácil como hacer un símil con una amiga o un amigo. ¿Te comportarías de la misma manera si es tu amigo quien queda con otro amigo a tomar un café? Seguramente la respuesta sea que no.

- **El amor dura toda la vida.** La idea de que una relación amorosa es infinita genera mucha sensación de fracaso cuando esta acaba. La mayoría de las veces las relaciones se acaban porque el amor o la convivencia no se sostienen toda la vida. Es bueno saber desde el principio que cualquier relación es susceptible de terminar para que en el momento en que llegue el final ambas partes no lo sientan como un fracaso, sino como el desarrollo natural de la relación. La idea de que el amor tiene que ser para siempre hace también que muchas mujeres víctimas de maltrato no pongan fin a la relación.

- **El amor lo puede todo.** Según esta premisa, si hay amor, se soporta el maltrato, la infelicidad y el malestar. El amor no lo puede todo, de hecho, no puede casi nada porque no es una fuerza sobrenatural que arrastra el mundo. Es un sentimiento compartido que a veces funciona y muchas otras veces, no.

- **Existe la media naranja.** La idea de que esa persona que te complementa y te completa está ahí fuera esperándote es perversa y falsa. Para empezar, las personas somos seres completos que no necesitamos a nadie que nos complemente. Y en segundo lugar, no existe nadie *a priori* que sea nuestra pareja ideal, el hombre o la mujer de nuestra vida, nuestra media naranja. Existen muchas personas que nos van a aportar en nuestra vida a todos los niveles, y no solo parejas amorosas, los vínculos que se crean en las relaciones amistosas o familiares puede que nos aporten lo mismo o más que las parejas sentimentales.

- **Estar en pareja es el estado ideal.** Ya hemos visto que el sistema en el que vivimos está basado en la familia porque es un lugar de control excepcional. Como el Estado no puede controlar a toda la ciudadanía, se fomenta que se construyan familias, espacios más pequeños donde unas y otros controlen a la ciudadanía a menor escala. Y, de esta manera, la pareja heterosexual se convierte en parte imprescindible para el control social. Y toda la sociedad nos transmite constantemente que estar en pareja es el estado ideal. Sin embargo, existen muchos modelos de convivencia fuera de las parejas normativas que funcionan perfectamente.

Enseñar a nuestros niños que el amor es otra cosa es la forma perfecta de dirigirnos hacia una sociedad más igualitaria y feminista.

Como dice Herrera: «El romanticismo práctico solo puede vivirse desde el presente: "Te amo mientras dure, te quiero aquí y ahora, te quiero hasta que deje de quererte o dejes de quererme"».

APUNTES

Adolescencia. En la película *Las ventajas de ser un marginado*, Charlie, el protagonista, es un chico sensible (pero torturado, claro); cuando no puede entender que la chica que le gusta salga con un chico que no la trata bien, su profesor de literatura le dice una frase devastadora: «Aceptamos el amor que creemos merecer».

Charlie, aunque es un chico sensible, en ocasiones no gestiona bien las emociones. Anotad en qué momentos Charlie no actúa correctamente o debería haber actuado de otra manera.

- Cuando juegan a la botella y besa a Sam en lugar de a su novia, ¿qué es lo que ha hecho mal y por qué? Algo que es importante destacar es que Charlie no ha sido sincero con Mary Elizabeth en ningún momento. El juego de la botella no es más que la confirmación de su torpeza.

- Charlie defiende a su amigo Patrick en una pelea. Parece que es lícito que se involucrara en ella porque a Patrick podrían haberle hecho mucho daño. Es bueno analizar el papel que juega la violencia en esta escena y si está justificada. En la película esa escena es clave en la reconciliación de Charlie con sus amistades, el hecho de ganarla le sitúa en un lugar superior. Es importante analizar la idea de que en el momento en el que Charlie sucumbe a su rol correspondiente en la masculinidad es cuando se gana el respeto del resto del grupo y se reconcilian.

- Anotad también cada una de las escenas en las que aparezca una concepción del amor negativa y una positiva. Por ejemplo, al comienzo de la cinta, un amigo le dice al personaje de Sam (Emma Watson) que no se ha ligado a una chica porque es una *calientapollas*.

¿Cómo quieren los adolescentes?

Según el *Barómetro Juventud y Género 2019*, elaborado por el Centro Reina Sofía sobre Adolescencia y Juventud,[96] el 62 % de las mujeres de entre dieciocho y veintinueve años se declara feminista frente a un 37,1 % de los chicos. Esto tiene consecuencias en cómo asumen las relaciones los chicos y las chicas. Ellas cada vez son más libres, mientras que ellos cada vez son más controladores. Esta resistencia de los chicos surge como respuesta al empoderamiento de las chicas gracias al movimiento feminista. Las chicas cada vez dan menos importancia a los mitos del amor romántico, se sienten más libres en las relaciones de pareja y no consideran el amor romántico como la base de su realización personal; según este estudio, aceptan que una pareja no te quita libertad, asumen que no tienen por qué agradar a su pareja en sus aficiones, formas de vestir o gustos, entienden que no necesitan una pareja para sentirse realizadas y que los celos no son una demostración del amor. Sin embargo, los chicos siguen pensando que deben proteger a su chica, que tener pareja implica entrega absoluta a la otra persona, que deben esforzarse en hacer lo que le gusta a su pareja y, lo peor de todo, en los últimos años ha aumentado el porcentaje de chicos

---

96. Juan Carlos Ballesteros, Ana Rubio, Anna Sanmartín y Patricia Tudela, *Barómetro Juventud y Género 2019. Identidades y representaciones en una realidad compleja*, Madrid: Centro Reina Sofía sobre Adolescencia y Juventud, FAD, 2019. Disponible en: <http://www.adolescenciayjuventud.org/que-ha cemos/monografias-y-estudios/ampliar.php/Id_contenido/127043/tipo/17/>.

que piensan que es normal que tu pareja se vista como a ti te gusta para evitar discusiones, mirar el móvil de tu pareja si crees que te está engañando o que es normal que existan celos, porque son prueba del amor.

Necesitamos educar a nuestros chicos para que comiencen a trabajar el amor de pareja como algo más sano. Para eso, además de identificar todas las referencias de su alrededor, debemos enseñarles que el amor no es control ni posesión, sino compartir: enseñarles a amar sin poseer. A acompañar sin invadir. A vivir sin depender.

¿Qué aprenden los niños que es el sexo?

A los niños se les enseña que el sexo es un acto de poder que reafirma su masculinidad. Las niñas, en cambio, crecemos pensando que es un acto de amor; sin embargo, el sexo es un acto de comunicación en el que dos personas quieren compartir un momento de afectividad y placer.

Sin educación sexo-afectiva los niños van a aprender lo que es el sexo a través de lo que les cuentan sus amigos y la pornografía, ya que a partir de edades cada vez más tempranas empiezan a tener acceso a webs pornográficas, y lo que los chicos aprenden de ellas[97] es a normalizar el sexo con vio-

---

97. «Se adelanta a los 8 años el acceso al porno y crecen sus contenidos machistas», *Huffington Post*, 2019. Disponible en: <https://www.huffingtonpost. es/entry/se-adelanta-a-los-8-anos-el-acceso-al-porno-y-crecen-sus-contenidos-

lencia y sin preservativo. Un 70 % de los jóvenes españoles ha visto porno en internet, la edad media de acceso por primera vez es a los ocho años, aunque su consumo se generaliza a los catorce. Con estas edades, los chicos aprenden que el sexo es un acto de dominación de la mujer, y esto genera la creencia de que los varones tienen acceso libre al cuerpo de las mujeres, cosificándolas y reafirmando lo que desde pequeños vienen aprendiendo: que las chicas siguen estando un escalón por detrás en la sociedad. ¿Os acordáis del «Tiras la pelota como una nena y lloras como una niñita»? Pues ahora viene el: «Esas chicas están aquí para complacerte». Con estas ideas desde la infancia es muy difícil después desaprenderlas y modificar conductas aprendidas. ¿Vamos a dejar que sean los vídeos pornográficos los que eduquen a los niños en lo que es la sexualidad? ¿O vamos a responsabilizarnos por fin?

Enseñar que solo el sí deseado es sí

¿Os acordáis del NO es NO y del solo sí es sí?

Pues a pesar de la efectividad de estas afirmaciones, este tema es mucho más profundo y complejo que eso: no se trata de que la otra persona consienta, porque consentir es *permitir* o *tolerar*. En las relaciones sexuales tiene que haber

machistas_es_5cfe4a0ee4b0aab91c08fda2?zke&fbclid=IwAR1RBckqePIxi58 1xiuaVQhmpFXwfYjHBWsma2W2TLQLheFkelxQfZ4mvJA>.

deseo. La otra persona tiene que desear tener una relación sexual con la otra persona en ese momento.

A las niñas y mujeres nos han enseñado a agradar y a complacer a las personas que tenemos a nuestro alrededor: «cállate», «sé educada», «no contestes»… Esto juega a favor del sexo masculino, que sabe que, *a priori*, intentaremos aceptar por complacerles.

Estoy segura de que tenéis alrededor a mujeres que consienten relaciones sexuales a diario, «porque es un pesado», «porque así me deja en paz»… Estas personas están aceptando tener relaciones sexuales no porque deseen estar con esa persona, sino porque desean que pare esa insistencia. A veces se insiste con palabras, otras con gestos y en numerosas ocasiones se insiste con silencios simbólicos. Cuando una mujer acepta tener una relación sexual sin desearlo, está siendo agredida. El sexo solo debe existir cuando hay deseo por ambas partes. Según un estudio,[98] la mitad de las jóvenes tienen relaciones sexuales sin ganas. Sí, las chicas jóvenes viven su sexualidad con mayor libertad, toman más la iniciativa y muchas cosas más y, sin embargo, la mitad de las mujeres (el 46,8 % de las jóvenes y el 51 % de las adultas) confiesa que ha mantenido relaciones sexuales sin ganas. ¿Estamos seguras de que

98. Celeste López, «La mitad de las jóvenes tiene relaciones sexuales sin ganas», *La Vanguardia*, 2019. Disponible en: <https://www.lavanguardia.com/vivo/sexo/20190602/462616111500/relaciones-sexuales-mujeres-sexualidad-feminismo-libertad.html>.

no se sigue perpetuando la disponibilidad sexual absoluta en las relaciones de pareja y que los hombres continúan accediendo al cuerpo de las mujeres sin su consentimiento?

Por eso, no vale con el NO es no o el SÍ es sí, también puede ser antes sí y ahora no. Puede ser sí, pero así NO o esto no. Y, lo más importante, ahora me apetece y ahora no.

APUNTES: SOLO EL SÍ DESEADO ES SÍ

Los chicos tienen que hacerse las siguientes preguntas:

- ¿Estás seguro de que quiere?
- ¿Está cansada o sin ganas?
- ¿Has insistido en algún momento?
- ¿La has presionado de alguna forma? Esta presión puede haber sido por un comentario que te puede parecer inofensivo o no, en este o en otro momento.
- ¿Ella ha tomado la iniciativa en algún momento? Si no ha tomado la iniciativa en nada, seguramente se está dejando llevar y está consintiendo forzada.
- ¿Está plenamente consciente o su capacidad está alterada por haber ingerido algún tipo de sustancia?
- ¿Te has puesto en su lugar?

Como puedes ver, lo más importante es la EMPATÍA, el RESPETO y el DIÁLOGO.

Tenemos que saber cómo se siente la persona que tenemos delante.

Tenemos que preguntar, escuchar antes de ser escuchado. Y no forzar nunca nada.

Adolescencia y sexo

Según un estudio,[99] el 54 % de los y las jóvenes elige el disfrute de las dos personas, esto significa que hay un sonoro 46 % de jóvenes al que le es indiferente si la otra persona disfruta o no (¿recordáis la empatía, la solidaridad y el pensar en la persona que tienes delante?).

El 38 % elige la adopción de medidas anticonceptivas ante un aplastante 62 % que no (¿recordáis la empatía, la solidaridad y el pensar en la persona que tienes delante?).

El 36 % elige la mutua atracción de la pareja, lo que significa que un 64 % asume que, si no hay atracción mutua, puede haber sexo igualmente.

El 33 % de los chicos cree que las amistades con chicas son más tiernas y afectivas. En su mano está tener con los chicos relaciones más tiernas y afectivas, ¿verdad? Pero, ah, acordémonos de que la masculinidad no ve con buenos ojos el cariño entre dos hombres. Lo bueno es que aquí estamos para cargarnos el género y los roles sexuales asociados a él.

Ante los estereotipos que tienen los adolescentes, se confirma lo que ya sabíamos: el 33 % de los jóvenes cree que los chicos se preocupan menos por cuestiones personales e

99. Elena Rodríguez San Julián y Juan Carlos Ballesteros Guerra, *Primer Informe Jóvenes y Género. La (in)consciencia de equidad de la población joven en España*, Madrid: Centro Reina Sofía sobre Adolescencia y Juventud, FAD, 2019. Disponible en: < https://www.observatoriodelainfancia.es/ ficherosoia/documentos/5764_d_PRIMER_INFORME_JOVENES_Y_Ge NERO.PDF>.

íntimas y el 31 % que las amistades con chicos son más sinceras y leales. Las relaciones entre las chicas son más tiernas y profundas en la amistad, aunque son más exigentes en las relaciones y para ellas es más difícil mantener una amistad (según el 28 %), mientras que las amistades con los chicos serían más superficiales, menos comprometidas, pero más leales.

Durante la adolescencia, el mundo se expande para los chicos y se contrae para las chicas. Ellos tienen todas las oportunidades sexuales por delante que quieran, podrán insistir sin límites y una característica de la masculinidad es ser un héroe determinado por las conquistas sexuales. Con respecto a las chicas, son perfectamente conscientes de que su papel es el de esperar el amor de forma pasiva, está mal visto disfrutar de su sexualidad (las chicas activamente sexuales son *unas frescas o unas putas*). En el momento que empiezan a desarrollarse, las chicas en el colegio serán objeto de burla y mofa por parte de sus compañeros (quienes incluso harán listas de los mejores culos y tetas o se reirán de todo lo que tiene que ver con ser mujer). Esto las convierte en objetos sexuales, porque, a pesar de las burlas, estos chicos asumirán a las chicas tal como las encuentran en los vídeos pornográficos. Y ellas serán conscientes de que su gran activo clave será su apariencia física,[100] algo por lo que sufrirán toda su vida.

100. Robert W. Blum, Kristin Mmari y Caroline Moreau, «It Begins at 10: How Gender Expectations Shape Early Adolescence Around the World», *Journal of Adolescent Health*, 2017, vol. 61, n.º 4, supl., pp. S3-S4. Disponible en: <https://www.sciencedirect.com/science/article/pii/S1054139X17303555>.

Enseñar afectividad y sexualidad en la adolescencia

Barbara Milller[101] dice: «Si las mujeres dejaran de fingir orgasmos, las cosas cambiarían y la sexualidad entre hombres y mujeres sería mucho mejor. Se darían cuenta de que ellos también tienen que dar placer, ser gentiles… Pero hay muchas mujeres que no pueden, o creen que no pueden, decir lo que desean y que es mejor fingir. No van a decir nunca: "Esto no me gusta". Hay ya muchos estudios que demuestran que el 70 % de las mujeres no pueden tener orgasmos por penetración. Cuando todos los hombres lo sepan, la sexualidad será mejor para todos. Que sepan que pueden dar placer a sus parejas con la mano, con la boca…».

Imaginad una escena sexual en una película. Bingo. Seguro que te ha venido a la cabeza una escena de un hombre y una mujer practicando el coito. Toda la literatura, el cine y las series nos han vendido que el sexo es el coito. Y los chicos asumen desde que conocen la palabra *follar* que el sexo consiste en introducir el pene en la vagina de la mujer. Sin embargo, el coito no es la forma más directa para que una mujer alcance el orgasmo. Así que todo lo que se les está enseñando a los jóvenes va en contra del propio placer femenino.

---

101. Begoña Piña, «Barbara Miller: "Si desapareciera el coro mundial de falsos orgasmos, la sexualidad de todos sería mejor"», *Público*, 2019. Disponible en: <https://www.publico.es/culturas/placer-femenino-barbara-miller-desapareciera-coro-mundial-falsos-orgasmos-sexualidad-seria-mejor.html>.

La educación sexual es mucho más que hablar de métodos anticonceptivos (el uso del preservativo entre adolescentes no se negocia), de interrupciones voluntarias al embarazo o de infecciones de transmisión sexual. Es aprender comunicación, habilidades sociales y autoestima. Es saber dónde está el clítoris y para qué sirve. Es escuchar y entender, es cuidar a la otra persona. Es que las dos partes disfruten.

El matrimonio

Mary Wollstonecraft llamaba al matrimonio «prostitución legal»[102] en el siglo XVIII. Las activistas británicas contra la prostitución son muy explícitas con las semejanzas entre el matrimonio y la prostitución, porque en ambas existe una esclavización corporal de las mujeres, tal como explica Sheila Jeffreys. Aunque parece algo de otra época, todavía en el siglo XXI existen relaciones de pareja donde la mujer está sometida emocional y sexualmente a su pareja, donde la mujer está disponible a su marido a cambio de techo y comida. Simone de Beauvoir decía que una esposa es contratada de por vida mientras que una prostituta tiene varios clientes. Pateman va más allá y explica que el patriarcado se funda en el derecho de los varones a tener acceso sexual al cuerpo de las mujeres y que eso se ha ejercido durante siglos a través del matrimonio.

102. Sheila Jeffreys, *La industria de la vagina*, Barcelona: Paidós Ibérica, 2011.

Pero ¿puede existir una relación de pareja heterosexual realmente igualitaria? Este es uno de los retos de hoy en día, educar a los hombres para que respeten completamente el deseo de las mujeres y su independencia, para que ellas tengan pleno derecho de controlar sus cuerpos, para que en las relaciones de pareja no se den por sentadas las relaciones sexuales y la dependencia emocional. Jeffreys hace referencia al «matrimonio basado en el compañerismo» (Bernard, 1982), una forma que abolió las bases del matrimonio convencional y convirtió la relación de pareja en un sistema más igualitario. Sin embargo, asume que el derecho de los hombres al uso sexual del cuerpo femenino no ha desaparecido, sino que permanece como un sobrentendido en las bases de las relaciones heterosexuales en general, tal como revela una importante cantidad de investigaciones feministas realizadas en 2000.

Es cierto que actualmente, en entornos más feministas, muchas relaciones de pareja son más igualitarias y se ha extendido la idea del matrimonio basado en el compañerismo; sin embargo, no podemos olvidar que todavía la mayoría de las mujeres sufren matrimonios convencionales en los que los hombres siguen ejerciendo sus privilegios sobre sus cuerpos. Es nuestra responsabilidad que los niños de ahora entiendan las nuevas formas de relacionarse en pareja y que ellos no tienen acceso ilimitado a los cuerpos.

APUNTES

Apunta en un papel estas indicaciones sobre el inicio de las relaciones:

- La empatía y cuidar de otra persona es la base de todas las relaciones interpersonales, sean amorosas o no, sean sexuales o no. Debemos tratar bien a todas las personas, siempre.
- Sé asertivo y sincero. La honestidad es fundamental; si te gusta la otra persona, dilo, si no te gusta, dilo también.
- Aceptar y respetar lo que te diga la otra persona con respecto a todo lo anterior.
- Si, llegado el momento de intimidad, quieres darle un beso a otra persona, o estás completamente seguro de que la otra persona va a estar completamente receptiva o pregúntalo. Si dice que no, asume el no con empatía.
- Hablad de la protección que vais a usar en las relaciones sexuales. Ten en cuenta a la otra persona para que esté protegida.
- Escucha siempre a la otra persona, incluso cuando ya estéis en una relación sexual consentida, vigila en todo momento que estáis en la misma sintonía, escucha sus preferencias y acata lo que no le gusta.

8.
Violencias

Cuatro hombres raptan a una mujer, le arrancan la ropa y la violan de todas las formas posibles. Ella llora, chilla e intenta escapar. Este es el vídeo pornográfico *online* más visto de internet. Tiene doscientos veinticinco millones de visitas.

GLÒRIA SERRA

El otro día di un taller en la prisión de Palma con condenados por agresión sexual y recogí algunos datos muy interesantes: todos los hombres decían que la polla les medía dieciocho centímetros o más, como en una especie de competición. Se hacen dibujos –muy optimistas– de su pene para humillar a sus «iguales», a sus colegas y a sus compañeros. Se acusan de chupar pollas como un acto de sumisión y humillación. Se gritan expresiones de «me voy a correr en tu cara» y derivados como amenaza. Utilizan a madres y hermanas como objetos sexuales con el objetivo de humillar a los varones y a veces, entre risas, hasta se dan permiso entre ellos: «Me da igual si tú te follas a mi hermana», con el argumento de que «es su colega» y «tiene su permiso». Alguien podría pensar que ella tiene algo que decir sobre este tema. Eliminan de la ecuación sexo = dos personas permanentemente. Dicen literalmente que recrean escenas pornográficas porque les pone y que en cierto modo la violencia en el sexo está bien. Uno de ellos me dijo en una ocasión que antes de nada se «hace» (entendiendo una práctica sexual poco habitual) y luego, si se queja, ya si eso paras. Por no decir que piensan que los hombres son más «animales» y más «salvajes» en ese tema y que por eso hay violaciones.

Bueno, pues el taller no lo hice en la cárcel, sino en un instituto.

TONI MIRALLES

No, la violencia no está en la calle y es ajena a nosotros. No es algo abstracto y lejano que les ocurre a algunas mujeres o a algunos hombres. Está a nuestro alrededor. La ejercen hombres y chicos que amamos, que cada día están en nuestra vida, parejas, amigos, familia…, nos cuesta identificarla porque la tenemos demasiado integrada y normalizada en nuestra vida diaria, los hombres la ejercen de forma estructural y cotidiana y solo nos llevamos las manos a la cabeza cuando determinados casos salen en las noticias. ¿Cómo es posible?

No siempre el violador lleva un verdugo en la cabeza y una pistola en la mano, ni un novio que maltrata da una paliza mortal a su novia. La violencia que ejercen los hombres hacia las mujeres muchas veces es simbólica y silenciosa, se va construyendo debido a la acción e inacción social, se va extendiendo y normalizando.

¿Son los hombres más violentos que las mujeres? Sabemos que sí. Las estadísticas son claras y los hombres son mucho más violentos que las mujeres, cometen más delitos violentos y ejercen la violencia en mayor medida. No solo hacia las mujeres, sino hacia los propios hombres. Según un informe de las Naciones Unidas, el 95 % de los asesinos son hombres y el 80 % de las víctimas también son hombres. Mientras que a los hombres los matan otros hombres que no conocen, a la mitad de las mujeres asesinadas las matan hombres que son o han sido su pareja.

¿Cómo se construye y socializa a los niños para que se conviertan en posibles hombres violentos? ¿Por qué hay hombres más violentos y otros, por suerte, lo son menos? Y, lo más importante, con la abolición del género, ¿vendrá también el fin de la violencia?

Lo primero que tenemos que asumir es que la violencia que ejercen los hombres hacia las mujeres no es un problema que se pueda solucionar a través de campañas de sensibilización o de charlas. Es preocupante que todas las mujeres reconozcan situaciones de abuso, agresión o maltrato en algún momento de su vida y en diferente grado y que no haya hombres que se reconozcan a sí mismos como abusadores, agresores o maltratadores. Los hombres asumen muchos comportamientos como parte de su masculinidad y les cuesta hacer autocrítica para identificar los escenarios de violencia.

La complejidad de esta violencia estructural hace que debamos seguir con la premisa enfocada en este libro: cuestionar el género, eliminar la masculinidad porque es el arma que sustenta y perpetúa la violencia machista. Y son los mismos niños y hombres los que tienen que encontrar la forma de revertir su rol sexual.

Pero ¿en qué momento se construye la masculinidad violenta?

Lo que aprende un niño sobre la violencia

Dice bell hooks[103] que el movimiento feminista fue el primer movimiento por la justicia social que puso encima de la mesa la idea de que nuestra cultura en realidad no ama a las hijas y los hijos, sino que los trata como si fueran propiedad de sus padres y madres, quienes pueden hacer con ellos lo que quieran, ya que no tienen derechos. La violencia de los adultos hacia la infancia es una norma en nuestra sociedad. De hecho, todavía está normalizado el cachete a tiempo e incluso castigar *moderadamente* a las criaturas. Esta normalización de la violencia hace que en muchas familias las dinámicas violentas sean formas aceptables de socialización.

A menudo veo cómo en muchas casas se recurre al azote, al cachete o al pescozón para solucionar conflictos o

103. bell hooks, *El feminismo es para todo el mundo*, Madrid: Traficantes de Sueños, 2017.

incluso de forma habitual para comunicarse entre ellos. A los niños, especialmente, se les enseña a pegar y a agredir: desde la abuela *inofensiva* que le dice cuando es un bebé «dale al abuelo» o «pega a la silla contra la que te has lastimado» hasta el padre que se tira al suelo con él y juega a pegarse *flojito*.

Según un informe de Unicef de 2014, el 80 % de los niños del mundo de entre dos y catorce años padece «disciplina violenta». Desde 1994, la Fundación Anar ha atendido más de cuatro millones de llamadas de teléfono de los menores y ha realizado un exhaustivo informe[104] en el que concluye que el 57,3 % de los menores que sufre violencia son niñas y el 75 % que sufre abuso sexual son niñas y mujeres. Lo más abrumador de este estudio es que el 70,4 % de la violencia que sufren niñas y niños es dentro del hogar, un 28 % en centros educativos y el resto se reparte entre internet y lugares públicos. Esto significa que el primer lugar donde los niños y niñas observan la violencia es en su propia casa. Los abusos sexuales se producen en un 73 % en el hogar o en hogares del entorno. El perpetrador en las agresiones violentas suele ser el propio padre el 34,4 % de las veces. En definitiva, nuestros niños están aprendiendo en nuestra propia casa cómo comportarse de forma violenta.

El primer mensaje que hay que aplicar es el de no pegar. No usar la violencia física ni verbal para nada en absoluto.

---

104. Fundación Anar, *Estudio: Evolución de la violencia a la infancia en España según las víctimas*, 2016.

Cuando usas la violencia contra un niño o delante de él, le estás legitimando para que él haga lo mismo.

También debemos ser mucho más estrictos y firmes cuando el niño ejerce violencia sobre otras personas. De forma cotidiana veo a niños que pegan, algunos pegan mucho, incluso a sus padres. Y la madre o el padre dicen: «Si no me ha hecho daño, lo hace flojito. El problema es que da igual la intensidad del golpe, el gesto en sí mismo es violencia y los padres y las madres lo pasan por alto demasiadas veces. Este niño aprende que pegar no tiene consecuencias y, si las tiene, a veces son hasta buenas porque consiguen lo que quieren o simplemente se relajan y se quedan más tranquilos; por esto es importante enseñarle a relajarse y a ser feliz sin agresividad.

Dice Andrea Dworkin[105] que la cultura en la que vivimos determina por nosotras, en un grado impresionante, cómo percibimos, qué percibimos, cómo damos nombre y valoramos nuestras experiencias y cómo y por qué actuamos.

> Cualquier compromiso con la no violencia, si es real, debe comenzar en el reconocimiento de las formas y grados de violencia perpetrados por la clase de género hombres en contra de las mujeres. Que cualquier análisis de la violencia o cualquier compromiso para actuar contra ella que no comience allí carece de sentido, será una farsa que tendrá, como consecuencia directa, la perpetuación de nuestro servilismo. Que cualquier hombre que

105. Andrea Dworkin, *Our blood*, Nueva York: Perigee Books, 1981.

no apoye la no violencia, que no esté comprometido, en cuerpo y alma, a acabar con la violencia en tu contra no es de fiar. Él no es tu camarada, no es tu hermano, no es tu amigo. Él es alguien para quien tu vida es invisible.

Desde una perspectiva de roles sexuales, podemos ver cómo a las niñas les neutralizan mucho más las respuestas agresivas mientras que a los niños se las permiten. Los niños pueden jugar a pegarse, se enzarzan en peleas y se agreden porque pueden, porque las personas adultas que hay a su alrededor les permiten que eso ocurra. Porque socialmente se les consiente, a veces en broma, en un juego, a veces de forma real. Porque en el cine, la televisión o en el colegio se percibe que los niños pueden actuar de esa forma sin excesivas consecuencias.

Si Teo le quita el camión a Bea, es porque no le han explicado a Teo, o no ha entendido todavía, que debe pedir por favor que le dejen el juguete, que seguramente Bea no quiera dejárselo y que entonces debe utilizar diferentes técnicas para resolverlo: utilizar el juguete por turnos, intercambiar el juguete por otro y, lo más importante, asumir que quizás tenga que esperar un buen rato hasta que Bea quiera dejar ese juguete y saber gestionar esa frustración. En la primera infancia la agresividad que pueden presentar las niñas y los niños es relativamente normal, forma parte de su desarrollo y están explorando lo que se puede y lo que no se puede hacer. Hay que corregirlos en todo momento, pero es a partir de los siete años cuando la agresividad de los niños y de las niñas empieza a ser preocupante.

Ellas van desarrollando cada vez más la sensibilidad y la empatía porque ven a su alrededor cómo las mujeres ceden y les inculcan que así deben ser las niñas, mientras que los niños observan cómo la violencia forma parte de la idea de cómo ser un hombre y de cómo conseguir las cosas. También ven cómo las personas que tienen el poder usan esa violencia: madres o padres que dan un cachete a su hijo o hija, un azote, una palmada… Cualquier ataque físico, por pequeño que sea, les está enseñando que la violencia es legítima y sirve para corregir y enseñar. Por eso considero urgente eliminar completamente la violencia de las vidas de los niños y las niñas.

Por otro lado, los niños agresivos reciben mucha más atención que los niños cooperantes,[106] por lo que es muy importante identificar cómo las personas adultas están fomentando y perpetuando la agresividad de sus hijos o sus alumnos. Por este motivo, hay que tener en cuenta el elogio eficaz y los estímulos cuando los niños tienen comportamientos positivos y no ponerles etiquetas. También es importante alabar las actitudes pacíficas y que se sientan completamente ignorados ante las actitudes violentas.

Cuidado con sustituir el blanco de la ira, redirigir la violencia hacia un muñeco o hacia otro blanco (el suelo, una puerta, etcétera); en lugar de reducir la agresión del niño, está comprobado que a largo plazo estas técnicas contribuyen a aumentar la violencia:

106. Ronald G. Slaby, Wendy C. Roedell, Diana Arezzo y Kate Hendrix, *La prevención temprana de la violencia.*

Una cantidad sustancial de investigación ha demostrado de forma consistente que los niños que participan en juegos agresivos, usan juguetes agresivos o practican conductas agresivas con objetos inanimados son propensos a comportarse más agresivamente después hacia otros niños (Feshbach, 1956; Bandura, 1973; Berkowitz, 1993).

Sin embargo, no podemos reducir la violencia solo a la física, es importante aprender a identificar los tipos de violencia que existen, pues esta puede ser, además, verbal, sexual, por omisión, simbólica, mediática…, y todas las personas podemos llegar a ser perpetradoras de alguna de ellas, por lo que lo primero que hay que hacer es señalarlas correctamente.

APUNTES

Pídele a un niño o a un grupo de niños que expongan las consecuencias negativas que tienen los actos violentos. Es importante que no solo estén propuestas las consecuencias hacia el agresor (castigos, regañinas, etcétera), sino que sea prioritario analizar cómo se siente el niño o niña que ha recibido la agresión. También hay que insistir en la responsabilidad a la hora de perpetrar cualquier agresión.

APUNTES

Enséñale a un niño a defenderse para darle herramientas a la hora de neutralizar a un agresor; por ejemplo, frases como «no quiero jugar contigo si me pegas», «me duele cuando me haces daño y no quiero estar contigo». Si las personas adultas somos testigos de las agresiones, debemos prestar toda la atención a la víctima (preocupación y apoyo) al inicio y ninguna al agresor. Después, llevarnos al agresor aparte para analizar por qué ha sido violento y enseñarle la forma de solucionar ese mismo conflicto de forma pacífica. Podemos preguntarle: «¿Cómo podrías haber solucionado esto sin agredir?» e incluso realizar un juego de rol para que practique esta forma no violenta.

Lo que aprende un adolescente sobre la violencia

Dice la Unicef que la mitad de los adolescentes del mundo sufre violencia en la escuela.[107] A esto tenemos que sumarle la violencia intrafamiliar de la que ya hemos hablado, por lo que el grado de normalización de las situaciones violentas cuando llegan a la adolescencia aumenta. En este momento debemos sumarle la violencia que consumen a través de videojuegos como *Fortnite Battle Royale*, *Call of Duty*... Los videojuegos más violentos son los que crean más adicción. Está demostrado, además, que la exposición a la violencia insensibiliza a los hombres, los hace menos empáticos, menos solidarios, como ocurre con el cine de Tarantino, Marvel, las series de televisión como *Juego de Tronos* (donde se muestran relaciones de poder desiguales en las parejas, violaciones sin consecuencias y mujeres cosificadas), *The Walking Dead*, los *youtubers* que arreme-

---

107. Unicef, «La mitad de los adolescentes del mundo sufre violencia en la escuela», 2018. Disponible en: <https://www.unicef.org/es/comunicados-prensa/la-mitad-de-los-adolescentes-del-mundo-sufre-violencia-en-la-escuela>.

ten violentamente contra las feministas, las mujeres, las chicas, otros chicos…, libros como *After* o los de Federico Moccia (*A tres metros sobre el cielo, Tengo ganas de ti,* etcétera), que normalizan relaciones tóxicas e incluso el maltrato, ficciones como *Crepúsculo,* que proponen una relación de dependencia en la que la chica lo abandona todo por amor…, los programas de televisión donde se visualizan relaciones conflictivas y tóxicas, todos ellos normalizan que eso puede ocurrir y que es correcto.

Y, por supuesto, el acceso de los niños a la pornografía desde edades cada vez más tempranas está normalizando las relaciones sexuales violentas, pues asumen la violencia como parte natural de las relaciones. Los adolescentes vienen ya de una infancia donde han podido ser víctimas de ella o perpetradores y consumen violencia en sus ratos de ocio. En un momento dado, esta violencia la ejercen no solo entre sus iguales, donde se producen la mayoría de las agresiones, sino también en sus relaciones con las chicas, donde siguen alimentando una manera insana de tener una relación afectiva.

A esto debemos añadirle que, cada vez de forma más temprana, los adolescentes comienzan a tener un acceso libre a internet, y este se convierte en un lugar donde continuar con la violencia que se ejerce en persona. Según una investigación de la Delegación del Gobierno para la Violencia de Género[108] (Díaz-Aguado *et al.* 2014), a un 32,5 % de las

---

108. Núria Vergés Bosch (coord.), *Redes sociales en perspectiva de género. Guía para conocer y contrarrestar las violencias de género on-line,* Sevilla: Instituto Andaluz de Administración Pública, 2017.

adolescentes y jóvenes españolas de entre doce y veinticuatro años las habían tratado de controlar a través del teléfono móvil. El 20 % había comprobado cómo utilizaban sus contraseñas dadas con confianza a sus parejas para supervisar sus actividades *online*. A un 6 % les habían suplantado sus identidades utilizando sus contraseñas, que habían sido dadas previamente. A un 4,3 % les habían difundido mensajes y fotos sin su consentimiento. Casi el 12 % había sido intimidada por mensajería móvil. Y el 40 % de las adolescentes habían observado estos comportamientos, aunque no los hubieran sufrido personalmente.

El *sexting* es enviar fotos, vídeos o mensajes de contenido sexual y erótico personal a través de aplicaciones de mensajería instantánea, redes sociales, correo electrónico o cualquier otra herramienta de comunicación. En España, un 20 % de los jóvenes de entre dieciocho y veinte años[109] ha utilizado en algún momento este sistema de comunicación. El problema reside cuando se pierde el control de ese contenido erótico personal y terceras personas lo utilizan como arma para extorsionar (sextorsión). El *sexting* sin consentimiento también es violencia. Recordad a la mujer que se suicidó tras la difusión de un vídeo sexual suyo entre sus compañeros de oficina; la policía asegura que el 70 % de este tipo de casos no se denuncia. La violencia *online* también se produce cuando se utilizan claves ajenas para controlar a otra

---

109. Cristina Sanjuán, *Violencia Viral. Análisis de la violencia contra la infancia y la adolescencia en el entorno digital*, Save the Children España, 2019.

persona o usurpar su identidad, enviar mensajes ofensivos o mensajes de acoso.

Enseñar alternativas a la violencia

Cuando los niños observan a su alrededor cómo las personas usan los golpes para reconducir comportamientos, eso los legitima para usar la violencia cuando lo consideran necesario, cuando la argumentación verbal falla y cuando no tienen otro tipo de herramientas. Por este motivo, es fundamental enseñar a los niños herramientas como la asertividad, empatía, técnicas de negociación y resolución de conflictos de forma pacífica.

APUNTES: GESTIONAR LA RABIA Y LA IRA

Antes que nada, los niños deben aprender a reconocer cuándo están enfadados o rabiosos. Una vez reconocida la emoción, deben aprender a gestionarla. Existen diversas formas de enseñarles cuándo están controlando sus emociones y cuándo no, por ejemplo, a través de cartulinas con semáforos. Ante una relación de conflicto con una hermana o con un compañero de clase, una persona adulta puede mostrarle el círculo rojo si se está comportando mal por culpa de la ira, amarillo si la está manejando de forma regular o verde si lo está haciendo fenomenal.

APUNTES: RESOLUCIÓN DE CONFLICTOS

Piensa en una situación límite (que no sea autodefensa) en la que consideres que usar la violencia es la única salida posible. Vamos a trabajar otro tipo de técnicas para que los chicos aprendan alternativas en situaciones límite para resolver conflictos sin utilizar la violencia.

Para cualquier forma de solucionar conflictos, lo primero que los niños tienen que tener es una muy buena gestión emocional, haber aprendido a gestionar sus propias emociones y estar aprendiendo a interpretar y gestionar las emociones de las personas que tienen delante. En el momento en el que los niños estén en este proceso, podemos empezar a enseñarles técnicas específicas para que aprendan a no usar la violencia en sus relaciones personales.

Siempre que ocurra un conflicto que derive en agresión, debemos trabajar la situación para que aprenda la alternativa a esa respuesta violenta.

• Lo primero que tienen que aprender los niños es a escuchar. Deben recordar la máxima «escuchar antes de ser escuchados». Sobre todo porque la escucha activa es una herramienta que nos va a dar mucha información de la otra persona para encontrar una solución al conflicto.

• Deben aprender a comunicar lo que sienten y lo que quieren de forma asertiva y pacífica, asumiendo que pueden no obtener lo que desean.

• Deben buscar alternativas al clásico ganar/perder y ganar/ganar. La otra persona está haciendo una petición que no le gusta, por lo que debe buscar la forma de que ambas partes salgan ganando. Imponer su criterio de forma sistemática no es una solución.

- Hay que permitir a las dos partes participar en la búsqueda de soluciones y establecer un diálogo para intentar resolver el conflicto.

- Aprender a gestionar la frustración es fundamental para tener unas relaciones sociales sanas. Los niños tienen que aprender desde que son pequeños que no van a conseguir todo lo que piden o desean. Esto es principal que lo aprendan desde la primera infancia, por eso que escuchen que no pueden hacer algo o que no van a conseguir lo que quieren es un aprendizaje primordial.

Deben aprender técnicas de resolución de conflictos cuando las cosas se ponen más difíciles.

- Cuando el conflicto lo ha generado él, antes de nada debe asumir su responsabilidad.

- Debe querer encontrar una forma para solucionarlo.

- Debe trabajar el autocontrol.

- Hay que buscar una persona que medie entre las dos o más partes.

- Hay que valorar posibles soluciones y sus consecuencias.

- Hay que enseñar a los niños a evaluar de forma crítica las consecuencias de una solución violenta de las consecuencias de una solución no violenta.[110]

- Podemos llevar a cabo un juego de rol para intercambiar papeles.

También podemos aprender a negociar el uso de los juguetes por turnos, compartiendo, intercambiando y aprender a nego-

110. Ronald G. Slaby, Wendy C. Roedell, Diana Arezzo y Kate Hendrix, *La prevención temprana de la violencia*.

ciar una decisión en grupo, valorar alternativas, ser asertivo y proactivo.

Debemos enseñar a las víctimas a defenderse de forma asertiva ante una agresión así como enseñar a los niños a pedir las cosas adecuadamente: cuando lo pidas con voz amable podrás tener tu turno.

Con los niños especialmente agresivos hay que anticiparse a la agresión: si no pegas a nadie durante este juego, podrás participar en el siguiente.

La violencia del humor machista

No hay mes en el que alguien no meta la pata con un chiste políticamente incorrecto que ofenda a un colectivo. A veces el objetivo del humor son personas de otras razas, etnias, opciones sexuales o mujeres. Entonces salen los de la libertad de expresión por un lado defendiéndole y, por otro lado, quienes quieren lapidarlo.

El humor es un acto social que siempre cumple una función. Las bromas se comparten con otras personas dentro de un contexto social, es una forma de relacionarnos y de construir quiénes somos en relación con las demás personas. Con el humor nos descubrimos en la sociedad y presentamos nuestra ética particular. Por eso nadie está *solo bromeando*. El humor es capaz de rechazar y es capaz de incorporar: un chiste racista muestra un rechazo hacia un determinado tipo de persona. Una sátira sobre el racismo muestra la idea de incorporarlas. Con el machismo ocurre lo mismo, un chiste sobre mujeres no es *solo una broma*. La persona que lo cuenta se está retratando como una persona misógina capaz de humillar a las mujeres. Cuando circula la foto de una chica por WhatsApp, cuando le ríen el vídeo machista en redes, cuando los miembros de ese grupo ignoran la broma misógina, el vídeo porno, la foto humillante... no es una broma para las mujeres. Están perpetuando y legitimando la violencia hacia las mujeres y el lugar secundario que ocupan en la sociedad. Las mujeres se convierten en objeto de mofa y burla por el hecho de ser mujeres, la mayoría de las veces en situaciones sexuales, de desnudez o humillación. Si Pedro le dice a María que este verano «Va a necesitar una grúa para levantarse de la toalla» y María se siente insultada, Pedro puede perfectamente decirle «Mujer, es que te ofendes por todo, solo es una broma». Y entonces María se convierte automáticamente en la exagerada. Si contesta con un grito, es ella la que tiene una reacción desproporcionada. En casa, un hombre puede decirle a su pareja cualquier insulto, vejación o humillación bajo el paraguas de «Solo es una broma, no tienes sentido del humor». Y la mujer debe aceptar cualquier ofensa o humillación para no parecer una histérica. En el trabajo, un hombre puede decirle a una mujer «Tráeme un café» y luego ganarse la confianza del resto de la oficina con la excusa de «Solo es una broma».

Enseñemos a los niños que las bromas son nuestra condena, que el humor que nos humilla a las mujeres es igual de letal que una bofetada, que sirve para menoscabar la autoestima y la seguridad de las mujeres, que lo utilizan para empequeñecer a las chicas y engrandecerse a ellos mismos.

La violencia machista

La violencia machista es un tipo de violencia física y psicológica que ejercen los hombres hacia las mujeres. Es una violencia estructural y un problema social de dimensiones superlativas que va desde el control de las chicas a través de piropos en la calle hasta los asesinatos de mujeres por parte de sus parejas, exparejas y otro tipo de hombres con o sin relación con ellas. Esta violencia se puede dar dentro de la pareja o fuera de ella y todo el sistema patriarcal está organizado para que se normalice en la sociedad.

La violencia machista no es algo puntual, fruto de una mala decisión individual, es una estructura de dominación que viene del sistema patriarcal. Los maltratadores no son enfermos mentales ni hombres sin recursos ni educación. Los maltratadores son muchos de los hombres que tenemos a nuestro alrededor. Los varones utilizan la violencia para controlar no solo a las mujeres, sino también a los propios hombres. Los hombres dominan a las mujeres y a otros hombres de menor edad o menor categoría social o racial.

Roberto Plaza Martínez[111] es psicólogo clínico y fue cita-

111. Roberto Plaza, «Lo que aprendí como psicólogo tratando a un violador en la cárcel», *eldiario.es*, 2019. Disponible en: <https://www.eldia

do para elaborar el historial criminológico psicosocial de un agresor machista en la cárcel:

> No experimenta incomodidad al relatar que, yendo en el coche, discute con su pareja y le asesta un puñetazo en el pecho. Luego, al llegar a casa, ella «accede» a mantener relaciones sexuales. No entiende que más tarde, mientras duerme, su pareja haya llamado a la policía y esta acuda y le detenga. No entiende por qué lleva dos años y medio en prisión.
>
> [...]
>
> Admite que toda su vida ha cosificado a las mujeres, admite la violencia inmediatamente previa, pero no admite la violación. He visto esto demasiadas veces: reconocer hechos «leves» a cambio, tácitamente, de que tú aceptes su versión sobre el delito más grave. Así funciona el sofisticado sistema de contrapesos morales de los agresores machistas.

Plaza explica que el condenado no entiende que su conducta sea un problema, se niega a iniciar el proceso de modificarla. Es por esto que este perfil es tan lesivo y perjudicial para la sociedad: su negacionismo les impide progresar y los machistas que continúan en la calle siguen lanzando mensajes que legitiman su conducta. No entiende por qué está en prisión, sigue pensando que las relaciones heterosexuales son así, tal como se justifican cada día en las barras de bar, en la

---

rio.es/tribunaabierta/peor-enemigo-machista-preso-libre_6_914518554.html>.

televisión o en las redes sociales… Por este motivo (y porque buena parte de la sociedad también se siente legitimada con discursos de este tipo), es tan importante tomar conciencia de cómo transmitimos como normalidad comportamientos extremos que pueden llegar a ser las relaciones personales.

Lo más frustrante es que muchos de los hombres que maltratan, agreden y violan no saben o no quieren reconocer que lo hacen. Y muchas mujeres a las que maltratan, agreden y violan no saben que lo son, porque el sistema está tan bien estructurado que las mujeres han integrado como normales esas violencias.

Los chicos ejercen violencia sobre las chicas desde la infancia, pero es en la adolescencia cuando esta violencia empieza a materializarse en bromas sobre el físico de las chicas, su sexualidad o sus complejos, listas de chicas según sus atributos físicos, tocamientos, humillaciones, hostilidad, ninguneo y muchas otras formas de agresión hacia las mujeres de su entorno, en su centro educativo o en su familia. Las formas de acoso se van sofisticando y ahora, además, tienen que lidiar con el *upskirting*, una técnica que consiste en hacer fotos por debajo de las faldas a las chicas con el móvil sin el consentimiento de ellas, el *slut shaming*, donde se culpabiliza, critica y humilla a las chicas por su pasado sexual, el *stalking*, que es el seguimiento y control de una persona a través de las redes sociales, el ciberacoso y un largo etcétera. Ya en este tipo de agresiones los chicos abusan del poder que tienen por ser hombres y que por ello ejercen. Debemos rescatar todo lo que han aprendido de las niñas durante la infancia: ellos se sienten superiores y actúan como tales. Poco a poco la sociedad se va encargando de minar la autoestima de las niñas por no tener el cuerpo perfecto, la sumisión perfecta y la sexualidad perfecta, mientras que ocurre el efecto contrario en los chicos.

La violencia que ejercen los hombres contra las mujeres es muy variada. La más evidente y reconocible es la violencia física que ejercen dentro de las relaciones sexo-afectivas. Pero la violencia machista también la ejercen los hombres sobre mujeres que no conocen o con las que no tienen una relación. También está la violencia institucional, que se ejerce desde los poderes públicos a través de leyes y juicios. La violencia laboral, por la que las mujeres no pueden acceder a trabajos no precarizados o a puestos de responsabilidad, la violencia médica y la violencia que se ejerce sobre las mujeres que están en situación de prostitución o pornografía. Por otro lado, está la violencia simbólica, la que fomenta la hipersexualización de las niñas y mujeres, la que presiona para tener unos cuerpos ajustados al sistema patriarcal que sean dignos del consumo masculino, la que etiqueta a las mujeres y las obliga a un rol específico en la sociedad.

¿Recordáis cómo desde que son pequeños para los niños las niñas son todo lo que no deben ser? Se educa a los niños para que no respeten a las mujeres desde que nacen, lo hemos visto a lo largo de todos los capítulos de este libro: deben evitar portarse *como una niña* o hacer cosas *como una nena*. Les enseñamos que el sexo femenino hace las cosas de forma incorrecta, que lo que las chicas hacemos no tiene valor, a veces es a través de bromas, de humor, con una ligereza brutal e imperceptible que casi no se detecta, y de esta forma aprenden que el sexo femenino está varios escalones por debajo del sexo masculino. Eso les va a legitimar para tratar a las chicas como ellos quieran y, cuando llegue la hora de tener relaciones afectivas con ellas, las relaciones de poder que se establezcan entre ellos van a estar supeditadas a todos esos aprendizajes que se llevan por el camino. Por eso insisto en la importancia, desde la infancia, de revalorizar lo que significa ser una niña y no usar lo femenino como algo de mofa, burla o negativo, para que los niños aprendan desde muy pequeños que el sexo femenino está a su mismo nivel.

La ficción también nos traslada la idea de que las niñas son sumisas y complacientes. Hoy en día tenemos a una pastorcita en *Toy Story 4* que es independiente y está empoderada, y el que hace el sacrificio de dejarlo todo por amor y vivir en libertad es el vaquero Woody. Si nos fijamos en el cine infantil de los últimos años, los personajes femeninos han intentado huir del estereotipo, a veces con mayor o menor éxito, pero se nota un esfuerzo en el cambio de paradigma. Sin embargo, hasta hace muy poco, las chicas de la ficción eran Bella de *La Bella y la Bestia*, una chica que se enamora de su secuestrador, quien la maltrata. O Ariel en *La sirenita*, que renuncia a su voz y a estar con su familia por tener unas piernas y estar con el príncipe, del que se enamoró cuando lo vio una vez. Úrsula corrobora que no le hace falta hablar, que con su belleza y su silencio será suficiente: «Los hombres no te buscan si les hablas, no creo que les quieras aburrir», dice. Las princesas son rescatadas de situaciones mejorables por unos apuestos príncipes, los personajes femeninos encuentran en el amor su vía de realización personal, y este mensaje trasciende al imaginario colectivo de los niños y las niñas, que asumen que el amor te salva y da sentido a tu vida. Pero esa concepción del amor en demasiadas ocasiones se produce de forma incorrecta: en *Blancanieves* y en *La bella durmiente*, el príncipe les da un beso mientras duermen. Este tipo de mensajes normalizan que se pueda tocar, besar o más a las chicas que están dormidas o inconscientes (una de cada seis mujeres violadas en Barcelona estaba inconsciente), en el *Jorobado de Notre Dame*, Frollo pide que Esmeralda arda en el infierno si no va a ser su posesión. Incluso en *Frozen 2* es Kristoff quien insiste en pedirle matrimonio a Anna, perpetuando la idea de que tiene que ser el hombre quien tome el mando en este tipo de decisiones.

Cali y el Dandee canta «Quiero una mujer bien bonita, callada, que no me diga naaa, que cuando me vaya a la noche y vuelva en la mañana no digaa naaa, que aunque no le guste que tome se quede callada y no diga naa» (el número de mujeres víctimas de la violencia machista aumentó un 7,9 % en el año 2018 y llegó a 31.286 mujeres).[112]

---

112. Ver: <https://www.epdata.es/numero-mujeres-victimas-violencia-genero-aumento-79-ano-2018-31286/be3bdf2b-210e-413a-b600-7c72b-6fb12f2>.

La violencia sexual

¿Cuál es el mayor miedo que tiene un hombre al entrar en prisión? Ser violado por otros hombres. El mismo miedo que todas las mujeres tenemos cuando salimos de noche o transitamos por lugares aislados. Demasiadas mujeres o niñas tienen al violador en su propia casa o en su colegio. Los hombres tienen miedo incluso de los propios hombres. Recuerdo estar hablando con un amigo sobre la violación de «la manada» en Pamplona, cuando los jueces no veían intimidación. Mi amigo, alto y musculado, me dijo: «Yo mismo me encuentro con cinco hombres que me acorralan y entro en pánico».

Una de las desigualdades más evidentes que se producen por el sexo es la violencia sexual, que está tan interiorizada en nuestra sociedad que se justifica incluso dentro de las relaciones afectivas. Tenemos que enseñar a los niños a querer y a tener relaciones sexo-afectivas sanas. Hoy por hoy, lo que les enseña a los chicos lo que son las relaciones son la pornografía, las conversaciones con sus amigos, internet, las redes sociales, las películas y las series. No existe educación afectivo-sexual curricular en las escuelas, ni en primaria ni en secundaria ni en bachillerato. De esta forma, lo que aprenden es todo lo contrario a una educación sexo-afectiva sana.

Estamos viendo cómo la sociedad construye a los varones, y en esta construcción les convencemos con una idea respecto al sexo: que los hombres siempre quieren y necesitan sexo. Esta idea ha calado en el imaginario colectivo y se piensa que realmente un hombre tiene una necesidad biológica que no tienen las mujeres y, cuando siente deseo sexual, debe tenerlo. Bajo esta premisa, la sociedad educa a los chicos y a los hombres para que se crean con derecho a tener sexo cuando quieran y como quieran, si no es de forma espontánea y gratuita, que sea pagando. Dos industrias enormes lo respaldan y se dedican a explotar a mujeres en situaciones precarias para que el sexo masculino satisfaga su apetito sexual. Y nos han convencido de que su deseo de tener sexo está por encima de las mujeres explotadas condenadas a dárselo. Y, lo más perverso, nos han convencido de que las mujeres en situación de prostitución o pornografía son completamente libres y están empoderadas.

Violencia en las relaciones sexo-afectivas

Aunque puede parecer que la violencia machista dentro de la pareja es un problema que sufren mujeres adultas, cada vez existen más evidencias del maltrato que sufren las adolescentes por parte de sus parejas o de otros chicos.

Los códigos de comportamiento y de amor que inculca el patriarcado son violentos y agresivos y han llegado a normalizarse y aceptarse socialmente. Los prostíbulos están repletos de hombres casados y de *respetuosos* padres de familia (el 39 % de los españoles ha pagado por sexo)[113] que no tienen

113. Datos de la ONU.

ningún escrúpulo en violar previo pago a una mujer en situación de prostitución, internet está infestada de descargas de vídeos pornográficos violentos, de violaciones en grupo, de atrocidades de cualquier tipo visionados por hombres que en su casa ponen lavadoras y dan la papilla a sus bebés, hay hombres que tienen unas habilidades sociales tremendas, que son referentes de comportamiento en comunidades sociales y, sin embargo, maltratan física o psicológicamente a su pareja en casa. No están locos, no tienen ningún trastorno de la personalidad, son hijos sanos del patriarcado.

La educación afectivo-sexual que reciben los niños la construyen de lo que tienen alrededor: la dinámica de pareja que tengan sus padres, madres o la pareja más cercana que tengan como referencia les van a transmitir cómo se articulan las relaciones. También forman su imagen lo que ven en los medios, el cine, los programas de televisión, los libros, la vida…

Carmen Ruiz Repullo dice que nueve de cada diez adolescentes ha ejercido violencia psicológica hacia sus parejas, que se multiplican por diez las adolescentes que sufren violencia machista y que en 2017 hubo ciento setenta chicos condenados por violencia machista menores de edad.[114] No podemos mirar para otro lado, el patriarcado ha construido una masculinidad que contamina.

Según el Ministerio de Sanidad, se estima que la violencia machista entre jóvenes de dieciséis a diecinueve años ha

114. Datos del Consejo General del Poder Judicial.

aumentado un 25 % en el último año,[115] y el cibercontrol es el mecanismo más normalizado entre ellos.

Una de las cosas más sorprendentes, a pesar de todas las campañas, es el grado de admisibilidad que las y los jóvenes muestran en referencia a los comportamientos violentos que se dan dentro de las parejas, ya sean episodios de violencia sexual, física o psicológica.

Dentro del general y contundente rechazo a muchos comportamientos, revisar el móvil de la pareja es una conducta justificada en mayor o menor grado por un 15,6 % de los y las jóvenes. Incluso pegar es considerado aceptable en alguna medida hasta por el 9,5 % del total de los jóvenes. Los datos son los siguientes: casi un 50 % de las chicas mencionan actos como intimidación y acoso a través de mensajes por internet: revisar su móvil, controlar todo lo que hace, decirle con quién puede hablar o no o adónde puede ir o no u obligarla a hacer cosas que no quiere con amenazas. Un 44,9 % de mujeres han sido testigos de agresiones físicas. Entre un 30 y un 40 % de mujeres han conocido a chicas que han sufrido por parte de chicos comportamientos como «tratar de que no vea a sus amigos», «controlar dónde está permanentemente», «insultarla o humillarla», «difundir mensajes, insultos o imágenes de la chica sin su permiso», «insistir en tener relaciones

115. María Ángeles Lorenzo, «Adolescencia, juventud y violencias de control en entornos virtuales», *Agencia Comunicación y Género*, 2019. Disponible en: <http://www.comunicacionygenero.com/adolescencia-juventud-y-violencias-de-control-en-entornos-virtuales/?fbclid=IwAR2xXiYJ3Eq5kiw9xWrUsDV583Sh9TXjN1DwKpUVQx1SUZhC7_VFar__gqw>.

sexuales cuando la otra persona no quiere», «decirle que le hará daño si la deja» o «decir que ella no vale nada». También podemos ver las diferencias entre la violencia que sufren las chicas y los chicos con respecto a «hacerle sentir miedo», acto conocido por el 29,5 % de las mujeres frente al 16,6 % de los hombres, «grabarla en vídeo o móvil sin su consentimiento» (21,5 % de las chicas frente al 18,7 % de ellos) o «romperle alguna cosa» (19,5 % de ellas frente 11,1 % de ellos). Cuanto más jóvenes son, más actos de maltrato emocional y psicológico han observado por las redes sociales: desde grabaciones en vídeo de chicas sin que lo sepan, difundir mensajes sin permiso, revisar su móvil u obligarla a hacer cosas con amenazas. La violencia de control o la emocional son las más presentes entre los y las jóvenes. Pero el silencio también es violencia machista: el *gaslighting* o luz de gas y otros comportamientos invisibilizados y asumidos.

Los violadores no son enfermos

Decía Mary Pipher que «los jóvenes tienen que ser socializados de forma tal que la idea de violar a alguien les parezca tan impensable como el canibalismo».

Según datos del Ministerio del Interior de 2018,[116] en

---

116. Marta Borraz, «Las denuncias por violencia sexual han crecido un 60 % en los últimos seis años», *eldiario.es*, 2019. Disponible en: <https://www.eldiario. es/sociedad/denuncias-agresion-sexual-aumentaron_0_879462206.html>.

nuestro país se denuncian 893 agresiones sexuales cada mes, veintiocho al día, más de una cada hora. Esto significa que un hombre agrede sexualmente a una mujer, a otro hombre, a una niña o niño más de 893 veces al mes, más de una vez a la hora, ya que hablamos de denuncias, por lo que solo es la punta del iceberg de un tipo de violencia silenciada.

Dice Enrique Stola,[117] psiquiatra, que los violadores no son enfermos mentales; explica que, como los varones han sido socializados para tener el control de todos los espacios y los cuerpos, pasan gran parte de su vida controlando cuerpos y violando sus espacios. Hay una inmensa cantidad de varones que, además de violar espacios con el control, violan cuerpos, de mujeres, de niños, niñas y también de otros hombres. Los violadores no son enfermos, es una práctica cultural que se produce en todo el mundo, y el piropo y el acoso callejero son otro instrumento de control de los varones.

El hombre que viola lo hace porque desde que ha nacido se ha construido su masculinidad en torno a la idea de que el hombre es el que domina y el que debe tener el poder y el control, mientras que la mujer debe ser sumisa y pasiva. Rita Segato[118] dice que, debido a la función de la sexualidad

117. Gisela Marziotta, «Enrique Stola: "Los violadores no son enfermos, la violación es una práctica cultural que se produce en todo el mundo"», *Infobae*, 2019. Disponible en: <https://www.infobae.com/sociedad/2019/01/13/enrique-stola-los-violadores-no-son-enfermos-la-violacion-es-una-practica-cultural-que-se-produce-en-todo-el-mundo/>.
118. Rita Segato, *La escritura en el cuerpo de las mujeres asesinadas en Ciudad Juárez*, Buenos Aires: Tinta Limón, 2013.

en el mundo, la violación conjuga en un solo acto la dominación física y moral de la otra persona. Por su calidad de violencia expresiva más que instrumental, es un tipo de violencia cuya finalidad es la expresión del control absoluto de una voluntad sobre otra, donde la agresión más próxima a la violación es la tortura, física y moral. Así, tener en las manos la voluntad del otro es la finalidad de la violencia expresiva.

Dice Segato, después de años de entrevistar a violadores en diferentes penitenciarías latinoamericanas, que el violador es un moralizador: es alguien que percibe en la joven libre un desacato a su obligación de mostrar capacidad y control. Por ese motivo, el violador castiga a la mujer que perpetra un desacato a la ley patriarcal. Además, el violador no está solo, está en un proceso de diálogo con sus modelos de masculinidad, no es un ser anómalo, en él cristalizan valores que están aceptados por la sociedad. Como explica Segato, el violador es el sujeto más vulnerable, más castrado de todos, que se rinde a un mandato de la masculinidad que le exige un gesto extremo: aniquilar a otro ser para sentirse hombre. Según Segato, la violación no es un acto sexual, es un acto de poder, de dominación, es un acto político.

Desde la preadolescencia, los chicos tienen acceso a la pornografía, por lo que acaban erotizando la violencia y eliminando la empatía. Como no tienen otro tipo de educación sexual, algunos piensan que lo que ven en los vídeos porno forma parte de la sexualidad y de la afectividad y después quieren reproducir lo mismo con las mujeres. A esto debemos añadirle la presión de grupo, cómo entre ellos se retroalimentan y generan frustraciones cuando no consiguen lo que quieren.

Las violaciones en grupo nos dan la clave: sería una casualidad que cinco chicos que violan a una chica fueran cinco enfermos mentales. Son cinco hombres que, debido a la forma en la que han sido socializados, se sienten legitimados para hacerlo. Lo han visto en el porno, el patriarcado les dice que, cuanto más sexo tengan, más hombres serán. Y a las mujeres el patriarcado nos dice que es nuestra responsabilidad darles sexo.

Por otro lado, la sociedad en pleno les legitima. El término *himpathy*[119] se define como la excesiva simpatía que en ocasiones se muestra a los autores masculinos de violencia sexual en un intento por preservar su reputación, poder o estatus. Ocurre cuando los hombres acusados, especialmente cuando son hombres con grandes privilegios, son tratados por parte de los medios de comunicación y por el público de forma más indulgente. También reciben sentencias más indulgentes. La *himpathy* no solo es uno de los grados de misoginia más graves al justificar al agresor, sino que cumple la misión de mantener a la mujer en el lugar que le corresponde. El agresor goza de la simpatía de otras personas porque no parece un monstruo y seguramente la mujer que acusa le provocó de alguna manera o malinterpretó sus acciones.

---

119. Lilian Calles Barger, «What came before #MeToo? The 'himpathy' that shaped misogyny», *Open Democracy*, 2018. Disponible en: <https://www.opendemocracy.net/en/transformation/what-came-before-metoo-himpathy-that-shaped-misogyny/>.

Podemos verlo diariamente cada vez que sale a la luz un caso de violación por parte de una celebridad. ¿Cuántas personas salieron en defensa de Plácido Domingo, Bill Cosby, Woody Allen, los violadores de la Arandina y un largo etcétera cuando fueron acusados? De este modo, Larry Nassar[120] abusó de más de trescientas gimnastas con total impunidad mientras era un reputado médico.

¿Cuántas personas siguen defendiendo a Pablo Neruda? Los privilegios de los genios o personajes poderosos los convierten en personas impunes.

Pornonativos

La pornografía es la educación sexual del siglo XXI. No existe educación sexual reglada, por lo que los chicos y las chicas aprenden lo que es el sexo a través de los vídeos colgados en las webs porno. De esta forma, ellos creen que lo normal es que se penetre a las chicas por todos los agujeros posibles, que les tiren del pelo, las aten y les den azotes. Ellas creen que tienen que llegar al orgasmo con el sexo anal y les tiene que gustar que se corran en su cara y en su pelo. Proliferan las prácticas como el *gagging*[121] (introducir el pene has-

---

120. Amaya Iríbar, «"Da igual lo que pase, no puedes llorar": retrato del hombre que abusó sexualmente de más de 300 gimnastas», *El País*, 2019. Disponible en: <https://elpais.com/cultura/2019/05/27/television/1558975656_666645.html>.

121. Duquesa Doslabios, «"Gagging", el sexo oral que pasa de las arcadas a

ta la garganta de las chicas, hasta que les produce arcadas y lloran) y dice Carmen Ruiz Repullo que, según los forenses, están creciendo un 30 % el número de violaciones por medio de la sumisión química. Pero ¿de dónde toman estas ideas?

Todavía no le han dado un beso a una chica ni la han acariciado y ya tienen esta idea de lo que son las relaciones sexuales. María Contreras[122] es psicóloga, tiene máster en Salud Sexual y ha realizado su tesis doctoral sobre una nueva patología en la conducta que los profesionales están empezando a encontrarse en las consultas: la adicción a la pornografía.

> Un niño de ocho años con un *smartphone* o con wifi en casa simplemente poniendo una palabra accede a ello o se lo encuentra. Con la pornografía hablamos de la triple A: accesible, accedes desde cualquier dispositivo; anónima, nadie tiene por qué saber que tú la visualizas, los chavales saben borrar el historial, y asequible, no necesitas pagar. Con los *smartphones* el consumo ha aumentado.

También explica que el 95 % de los adolescentes varones consumen pornografía frente a un 30 % de las chicas. Son interesantes los problemas a los que se enfrentan los chicos al acceder de forma tan temprana a la pornografía:

---

las lágrimas», *20 Minutos*, 2019. Disponible en: <https://blogs.20minutos.es/el-blog-de-lilih-blue/2019/05/28/gagging-sexo-oral-arcadas-lagrimas/>.

122. «"Si se acostumbra a responder sexualmente ante pornografía, después no se sabe reaccionar ante un encuentro real"», *Noticias de Navarra*, 2019. Disponible en: <https://twnews.es/es-news/si-se-acostumbra-a-responder-sexualmente-ante-pornografia-despues-no-se-sabe-reaccionar-ante-un-encuentro-real>.

Recibimos infinidad de peticiones de ayuda y consejo. En el caso de chicos jóvenes, los universitarios, a menudo me cuentan que les cuesta mucho relacionarse con chicas, no para mantener una relación sexual, sino una relación de trato (compañeras de trabajo, de clase…). Les cuesta mantener una conversación con una chica atractiva. He tenido pacientes que en época de exámenes, si en la biblioteca pasaba una chica, tenían que ir al baño. O que al salir de fiesta lo pasan realmente mal, con síntomas de síndrome de abstinencia: sudores, taquicardia…, porque tienen una imagen de la mujer tan sexualizada que luego tienen problemas en su día a día. […] Si se acostumbra a responder sexualmente ante pornografía, después no se saben reaccionar ante un encuentro real.

Al margen de las relaciones afectivas, cuando se profundiza en la sexualidad de las y los jóvenes, los resultados actuales son inquietantes. En un artículo[123] de la periodista Isabel Valdés, se explica que en los últimos años la página *Feminicidio.net* ha contabilizado las violaciones en grupo más recientes que han salido en prensa (las que no han salido en prensa no están contabilizadas, y se estima que serán la mayoría), y apunta que ha habido 356 agresores sexuales en grupo, de ellos, alrededor de 87 eran menores de edad, un 24,4 %. «Y muy acostumbrados al porno», tal como apunta el profesor titular de Métodos de Investigación en Educación de la

---

123. Isabel Valdés, «La escuela de "las manadas"», *El País*, 2019. Disponible en: <https://elpais.com/sociedad/2019/06/24/actualidad/1561386750_392424.html>.

Universidad de las Islas Baleares y codirector de un reciente estudio sobre la relación entre la pornografía y las relaciones interpersonales de los adolescentes, Lluís Ballester.

Ballester concreta: «Cada vez más pornografía, antes y más violenta. Esto produce una desconexión moral en algunos de ellos, un apagado producido por la insensibilización de una práctica [la violación grupal] que permite recuperar el vínculo tribal más primitivo, característico de la sexualidad exhibicionista: hay que mostrar lo que se hace».

La jueza Lara Esteve,[124] especializada en violencia machista, dice: «He visto un porcentaje importante de agresiones que suceden a edades muy tempranas. Ahí es muy importante la educación sexual y afectiva, ver los primeros contactos con las relaciones. Hay un estudio del Ministerio, de 2015, que señala que solo el 12 % de los menores conocen el sexo por explicación de sus familiares. ¿Qué pasa con el 88 % restante? Muchos lo conocen por el porno. Si un menor no tiene el filtro para diferenciar la realidad de lo que no, si su experiencia no reproduce esa realidad, puede producir frustración, violencia o agresividad. Creo que esa educación afectivo-sexual es fundamental».

La exposición a la pornografía aumenta un 22 %[125] las

---

124. Laura Martínez, «"En diez años como jueza he visto una denuncia falsa por violencia de género"», *eldiariocv.es*, 2019. Disponible en: <https://www.eldiario.es/cv/Lara_Esteve-Llevo-jueza-violencia-genero-denun cia_0_858464401.html#click=https://t.co/6lHCXL3IOJ>.

125. Jennifer Siebel, Jessica Congdon y Jessica Anthony (prods.) y Jennifer Siebel (dir.), *La máscara en la que vives*, 2015.

violaciones. Dice Andrea Dworkin[126] que la pornografía, como los cuentos de hadas, nos dice quiénes somos, es el contenido de nuestra identidad erótica compartida.

En Jaén se produjo un ataque sexual en una piscina perpetrado por niños de entre nueve y catorce años[127] que les hacían aguadillas a las niñas mientras les tocaban los glúteos y los pechos. En todas partes, de forma continua, niños, chicos y hombres se creen con derecho a tocar, intimidar y humillar a las chicas. Una cantidad ingente de varones busca vídeos en internet de violaciones y ataques colectivos. No es un caso aislado, no son unos desequilibrados, ni locos. ¿Qué les estamos enseñando a los chicos? ¿Cómo podemos dejar que la pornografía sea la forma en la que los chicos acceden por primera vez a contenido sexual?

APUNTES

Ved el documental *Hot Girls Wanted* y analizad cuál es la situación de las chicas dentro de la industria pornográfica y qué contenidos de los que aparecen son percibidos como normales dentro de las relaciones.

---

126. Andrea Dworkin, *Woman Hating*, Boston (Massachusetts): E. P. Dutton, 1974.

127. «Dos chicas menores denuncian un ataque sexual en manada en una piscina municipal», *La Vanguardia*, 2019. Disponible en: <https://www.lavanguardia.com/local/sevilla/20190627/463134864015/jaen-ubeda-dos-chicas-ataque-sexual-manada-piscina-municipal.html>.

Pornografía y prostitución

Es importante ser conscientes de lo mucho que la pornografía afecta en los consumidores. Jacqueline[128] trabajó en un prostíbulo de Melbourne (Australia) y cuenta cómo impactaba el porno en sus clientes, que continuamente querían reproducir lo que veían en los vídeos porno. Y lo que veían eran a chicas jóvenes, sin pelo en el pubis, que aparentaban ser menores de edad y que realizaban técnicas sexuales desagradables e incluso dolorosas en las que la degradación, la explotación y el abuso hacia las mujeres era la norma.

En cada turno había uno o más incidentes de agresión, violencia o trato vejatorio por parte de los hombres. Ellos esperaban obtener sexo anal, querían eyacular en la cara de la mujer y había quejas por tirones de pelo, agresiones verbales, mordiscos, por retirarse el condón sin permiso y porque exigían sexo sin condón. Yo nunca vi condones en el porno. El porno se ha convertido en la educación sexual de muchos, y los puteros lo admiten sin ningún reparo.

Según la ONG Slavery No More, la pornografía es el tipo de prostitución más ensalzada que existe, es una industria

128. «I Was Pro-Porn And Pro-Sex Trade, Until I Worked In A Brothel», *Fight The New Drug*, 2018. Disponible en: <https://fightthenewdrug.org/brothel-receptionist-porn-and-prostitution-are-inextricable/?fbclid=IwAR1eDlfzRjhjI_PTCOsyBRR9wsmMYHkPtOcv7phuI5WbzxwSqjEFLtWT-5M>.

millonaria. Y, como explica Jacqueline, el 39 % de los consumidores de prostitución tenían el hábito de representar lo que veían con las mujeres en situación de prostitución. Del 46 al 48 % compraron sexo para conseguir prácticas sexuales que no practicaban con sus parejas porque o bien ellas lo habían rechazado o ni siquiera se atrevían a pedírselo.

Como explica Ana Bernal-Triviño,[129] la prostitución genera 160.000 millones de euros en el mundo. Cinco millones por día en España y el 90 % de quienes la ejercen es víctima de trata (Fundación Scelles). España es el primer país de Europa en consumo de prostitución, el tercero del mundo tras Tailandia y Puerto Rico. En el 2010, la prostitución representaba el 0,35 % del PIB (según el INE). Esto significa que la prostitución es un negocio más que rentable para los proxenetas, quienes están haciendo esfuerzos para legalizar a las mujeres explotadas en situación de prostitución y así normalizar cada vez más una práctica esclava. La base de la prostitución son las mujeres,[130] un 90 % frente a un 7 % que son transexuales y tan solo un 3 % que se dividen entre hombres y niños. Según Coalition for the Abolition of Prostitution, el 98 % de las personas compradas en prostitución son mujeres

129. Ana Bernal-Triviño, «Los bulos sobre el abolicionismo», *El Periódico*, 2018. Disponible en: <https://www.elperiodico.com/es/opinion/20181121/bulos-sobre-abolicionismo-prostitucion-articulo-opinion-ana-i-bernal-trivino-7157960>.
130. Duquesa Doslabios, «¿Eres un putero? Eres "una caca"», *20 Minutos*, 2019. Disponible en: <https://blogs.20minutos.es/el-blog-de-lilih-blue/2019/05/19/putero-eres-una-caca-prostitucion/?fbclid=IwAR1i2runFW0frb5u-HQWD_ijAKuqzmdV7rmhce2wOQIiLEzQ4J8BCl_dDgU>.

y el 99 % de los compradores son hombres. El 63 % de las mujeres en situación de prostitución son víctimas de violación y el 71 % experimenta múltiples formas de violencia física.

Las feministas de los años sesenta y setenta estaban seguras de que la prostitución dejaría de existir cuando las mujeres adquirieran mayores derechos igualitarios. Pero, si la prostitución existe, es porque existen los puteros. Padres de familia, jóvenes formados y prósperos, ese amigo divertido, ese padre tierno, ese primo discreto…, los hombres de nuestro alrededor se *van de putas* como quien se va a jugar al pádel. Según las Naciones Unidas, cuatro de cada diez españoles reconoce haber consumido prostitución en España. De estos consumidores, el 72,8 %[131] opina que, si una mujer se prostituye, es porque de algún modo la obligan a ello a través del uso de la fuerza o a base de amenazas. Y un abultado 93,9 % considera que la primera causa que empuja a una mujer a la prostitución es la necesidad económica. Es decir, los hombres consumen prostitución incluso sabiendo que las mujeres que la ejercen lo hacen contra su voluntad. Por lo que casi la mitad de los hombres se *va de putas* sabiendo que las mujeres están explotadas y beneficiándose de ello. Aquí sobra cinismo y falta muchísima empatía.

La idea general de las personas regulacionistas (que consideran que se debe regular la prostitución) es que las mujeres

131. Irene Hdez. Velasco, «Así son los clientes de la prostitución en España», *El Mundo*, 2018. Disponible en: <https://www.elmundo.es/papel/historias/2018/06/17/5b228bde268e3ed14a8b46b6.html>.

somos libres y, en ese ejercicio de libertad, podemos prosti-
tuirnos si queremos. Sin embargo, independientemente de
si las mujeres son libres de prostituirse (que está por valorar
el grado de libertad que da la precariedad y la necesidad económica), lo que no es en absoluto una sociedad feminista es
aquella en la que existan hombres que paguen por tener sexo
con mujeres. Por este motivo, las personas abolicionistas de
la prostitución pedimos que se persiga al putero y al proxeneta, no a las mujeres en situación de prostitución, y que se
invierta en ayudas y políticas específicas para las mujeres.
Una sociedad donde los hombres pueden acceder al cuerpo
de las mujeres a su conveniencia no es una sociedad feminista, se mire por donde se mire. Igual que una sociedad que
regule el trabajo esclavo no podrá ser jamás una sociedad
justa, por mucho que las personas se esclavicen libremente.

APUNTES

Visualizad el vídeo «Qué es la prostitución» de CAP Internacio-
nal, disponible en:
https://www.youtube.com/watch?v=zmcvk7tT2iM.

Investigad sobre el mito de la libre elección de Ana de Miguel y
relacionad este vídeo con las teorías de la filósofa.

9.
El feminismo, por un lado. La lucha de los hombres por otro

> El movimiento feminista es un movimiento revolucionario, no reformista.
>
> ANDREA DWORKIN

Uno de los mayores triunfos del sistema patriarcal es hacernos creer que es inamovible, que no podemos cambiarlo y que debemos conformarnos, que la lucha individual y colectiva no sirve de nada. Si eres una de esas personas que no creen posible tener en su mano un cambio radical de la sociedad, posiblemente no formes parte del cambio. No voy a tratar de convencer a nadie de que los éxitos sociales que se han conseguido hasta ahora han sido posibles gracias al esfuerzo de la gente, de personas que creían en algo, que lucharon por ello y lo consiguieron. Cuando las primeras sufragistas exigían el derecho al voto, fueron ninguneadas y la mayor parte de la sociedad lo veía como algo inalcanzable. Cuando las feministas pedían el divorcio, libertad para administrar su patrimonio o su maternidad, fueron también incomprendidas. Siempre han estado adelantadas a su tiempo, exigiendo derechos que ni las mismas mujeres sabían que necesitaban. El movimiento feminista en el que yo creo quiere cambiar la sociedad y establecer un nuevo orden social, quiere romper con lo establecido y crear una sociedad mejor pactada por las mujeres y en la que la opresión desaparezca.

Para esto es básico analizar cuáles son las opresiones a las que nos enfrentamos y en las que somos las víctimas de los hombres de forma directa y las opresiones a las que seguimos sometidas las mujeres bajo el mito de la libre elección: la manera en la que nos organizamos socialmente formando familias convencionales, cómo establecemos las relaciones de pareja, la forma en la que somos madres, la forma en la que observamos nuestro cuerpo para que se ajuste al dictado patriarcal, la forma en la que nos relacionamos con los hombres, cómo mantenemos el género, los roles sexuales y los estereotipos, cómo asumimos la prostitución, la pornografía o los vientres de alquiler... Lo que piensan los hombres que son las mujeres.

Debemos revalorizar el ser una niña o mujer. Debemos identificar nuestras faltas y trabajar en mejorarlas. Nuestra emancipación llegará cuando nos liberemos del yugo machista. Por eso en este cambio ellos no deben participar, deben dejar que seamos nosotras las que nos liberemos. De la misma forma, en su lucha deben ser ellos mismos los que entiendan e identifiquen las claves de su movimiento escuchando lo que es novedoso: a las mujeres.

Por eso, es necesario que aprendan:

- A dejar hablar a otras personas, especialmente si son mujeres. Las mujeres son fuentes de conocimiento y deben asumirlas como tales.
- A escuchar a otras personas porque puede que les estén dando la clave para iniciar su propia lucha.
- A que, si no entienden algo, si no saben algo, pregunten.
- A que analicen cómo se siente y qué necesita la persona que tienen al lado. Sus necesidades no son primordiales.
- A que estudien si ese espacio es igualitario, bien sea espacio verbal, físico o emocional.
- A que se pregunten quién se ocupa de limpiar lo que ensucian, de recoger lo que desordenan, de preparar lo que comen, de prever lo que hay que hacer, y que se ocupen ellos.
- A hablar de esto con otros hombres. Escuchar a otros hombres que les hablen sobre esto.

Los hombres tienen un papel en la sociedad que debe ser revisado por ellos mismos. Tienen que buscar la forma de ser motores del cambio creando su propia lucha contra el patriarcado que les afecta a ellos y nos oprime a nosotras. Tendrán que hacer un esfuerzo por encontrar la manera de reducir su poder y privilegios y de poder influir en otros hombres. Por eso tenemos que educar a los varones para que lleven de base una educación que les permita crear su lucha en sus propios términos, dejando espacio a las mujeres feministas para que dicten las bases de un movimiento que mejorará la vida de todas las personas.

Los hombres deben buscar su propia lucha, una que no interfiera en la nuestra, una en la que analicen el sistema de opresión, se lo cuestionen todo y realicen verdaderas acciones de cambio. Una en la que tomen partido y reaccionen ante los hombres que cometen violencias, abusos y cualquier tipo de dominación hacia las mujeres.

Y, entonces, las feministas estaremos esperándolos.

Su opinión es importante.
En futuras ediciones, estaremos encantados
de recoger sus comentarios sobre este libro.

Por favor, háganoslos llegar a través de nuestra web:

www.plataformaeditorial.com

Para adquirir nuestros títulos,
consulte con su librero habitual.

«Existe un dios, efectivamente, que es el mundo.
Para participar de su divinidad
basta con decir sí.»*
ALBERT CAMUS

«*I cannot live without books.*»
«No puedo vivir sin libros.»
THOMAS JEFFERSON

Plataforma Editorial planta un árbol
por cada título publicado.

* Frase extraída de *Breviario de la dignidad humana* (Plataforma Editorial, 2013).